Prager / Höh
Korsika

Wohnmobil kompakt
Reisen

Christian Prager / Peter Höh

KORSIKA

TOUREN ■ TIPS ■ ADRESSEN

Motor
buch
Verlag

IMPRESSUM

Titelfoto: Christian Prager
Einbandgestaltung: Ina Olenberg
Bilder: Christian Prager
Karten: Bernhardt Spachmüller, Ingenieurbüro für Kartographie

ISBN 3-613-01871-3

1. Auflage 1998

Lektorat: Joachim Kuch
Innengestaltung: Klaus Necker
Reproduktion: digi bild reinhardt, 73037 Göppingen
Druck: Rung-Druck, 73033 Göppingen
Bindung: Josef Spinner, 77833 Ottersweier
Printed in Germany

INHALT

Cap Corse

Tour 1

Centuri-Port
Ersa
Macinaggio
Pino
Luri
Canari
Sisco
Marine de
Pietracorbara
Nonza
Monte Stello
1307
Erbalunga
Marine de
Farinole
Pietranera
BASTIA
Casta
St. Florent
Oletta
Borgo
l'Ile-Rousse
Lozari
San-Gavino-
di-Tenda
Murato
Tour 2
Belgodère
Crocetta
Casamozza
Calvi
Lumio
Pietralba
San Pellegrino
Feliceto
Calenzana
Ponte
Leccia
Morosaglia
la Porta
Bonifato
Asco
Francardo
Piedicroce
Galéria
Haut-Asco
Monte Cinto
2710
Cervione
Prunete
Manso
Calacuccia
Tour 7
Parc
Corte
Ortale
Osani
Partinello
Popaghja
Casanova
Naturel
Régional
Venaco
Pancheraccia
Marine
de Bravone
Porto
Evisa
Bie. de
Grotelle
Noceta
Piana
Vico
Vivario
Vezzani
Cargèse
Sagone
Monte d'Oro
2389
Vizzavona
Aléria
Cateraggio
Golfe de Sagone
Tour 4
Ghisoni
Bocognano
Poggio-
di-Nazza
Acciani
Ghisonaccia
Ucciani
Bastelica
Mezzavia
Cuttoli-
Corticchiato
Chisa
AJACCIO
Cauro
Cozzano
Zicavo
Travo
Parc
Porticcio
Naturel
Solenzara
Bisinao
Régional
Iles Sanguinaires
Petreto-
Bicchisano
Monte Incudine
2136
Golfe d'Ajaccio
Acqua Doria
Aullène
Tour 6
Sollacaro
Zonza
Porto-Pollo
Olmeto
Ste. Lucie de
Porto-Vecchio
Propriano
Levie
Ste. Lucie-
de-Tallano
Vetaro
l'Ospedale
Golfe de Valinco
Sartène
Porto-Vecchio
Belvédère-
Campomoro
Sotta
Tizzano
Suartone
Tour 5
Figari
Pianottoli
Bonifacio

CAP CORSE

Von Bastia rund ums Cap Corse nach St. Florent

Von der schönen »Italienerin« Bastia in die Einsamkeit des Cap Corse zu kleinen Badebuchten und den bilderbuch-schönen Dorfidyllen von Erbalunga, Centuri-Port und Nonza ins Korsische Wein-paradies um Patrimonio.

Noch hängen die rabenschwarzen Wolken des heftigen Sommergewitters über Genua, als die elegante »Corsica Victoria« die Leinen löst und ihr Horn mächtig ertönen läßt. Leise rieselt klassische Musik über die Decks, während der weiß-gelbe Schiffsriese sanft aus dem Hafenbecken auf die offene See hinausgleitet, Korsika entgegen. Und wie als Präludium für unsere bevorstehende Inselzeit inszeniert, reißen am weiten Horizont über dem Wasser die Wolken auf und die untergehende Sonne läßt in der regenklaren Luft die alte Hafenstadt leuchtend erstrahlen. Dann fällt schnell die Nacht über uns herein und der aufkommende frische Wind treibt uns in den Bauch unserer schönen Fährschiffs. Im gutsortierten Bordrestaurant füllen wir unseren Bauch und läuten mit einer Flasche korsischem Rotwein unsere Reise ein, bevor

wir, müde von der Anfahrt, tief in die weichen Kissen unserer Kabine sinken.

Es ist noch stockdunkel, als wir mit Kaffee und Croissants versuchen, den Schlaf abzuschütteln. Der ist schnell verflogen, als wir auf dem Außendeck frische Morgenluft schnuppern und freudig erregt im ersten Dämmerlicht schemenhaft eine gezackte Linie erblicken. Festland, »La plus Belle«, die Schönste, Korsika! Langsam zieht der Gebirgszug des Cap Corse an uns vorüber.

Die schöne Italienerin Bastia

Und wie bei unserer Abfahrt klettert eben in dem Moment, als wir mit unserem Wohnmobil die Rampe der Fähre auf korsischen Boden hinabrollen, der glühende Sonnenball über den Grat der hoch aufragenden »Serra di Pigna«, zu deren Füßen die Hafenstadt *Bastia* liegt, und taucht den wolkenlosen Himmel, Land und Meer in die strahlenden Farben des Südens.

Viele der zumeist deutschen Urlauber, die in Bastia von der Fähre gehen, durcheilen ohne Halt die alte Stadt, um möglichst schnell an Strand und Meer zu gelangen. Doch Bastia, der Insel größte Hafenstadt und wichtigste Konkurrentin der Korsenmetropole Ajaccio ist wenigstens einen Tagesaufenthalt wert. »In Bastia wird gearbeitet, in Ajaccio gelebt«, spotten die Hauptstädter. Zwar ist das

Bequemer geht´s nicht: Die »Corsica Victoria« der MOBY LINES bedient zwischen April und September die Route Genua – Bastia.

Blickpunkt: Terra Nova, die Zitadellen-stadt oberhalb des Alten Hafens.

stark italienisch geprägte Bastia auch der wichtigste Industriestandort der Insel, doch die Arbeit spielt sich weit draußen vor den Toren der Altstadt in den großen Gewerbebieten entlang der Straße Richtung Süden ab. Im historischen Zentrum rund um die palmenbeschattete »Place St. Nicolas« mit ihren zahlreichen Cafés wird nach mediterraner Art flaniert und »dolce vita« gelebt. Nur wenige Minuten sind es vom Fährhafen, in dem man mangels Parkmöglichkeiten im Zentrum sein Mobil stehen lassen sollte, bis zu dem großen Geviert, an dem wir beim Espresso das bunte Treiben beobachten und geruhsam »ankommen«. Danach spazieren wir an der Hafenpromenade entlang zur »Terra Nova«, der Zitadellenstadt, die

malerisch auf einem steil ins Meer abfallenden Felsenkliff über dem Alten Hafen thront. Durch die stillen, fast autofreien, engen Gassen der 1470 von den Genuesen angelegten Zitadelle gelangen wir zum alten Gouverneurspalast, das nun das sehr sehenswerte »Ethnografische Museum Korsikas« beheimatet. Die ideale Gelegenheit, um uns beim Rundgang über die Korsen und ihre Kultur zu informieren und so auf die bevorstehenden korsischen Wochen einstimmen. Unübertrefflich ist der Ausblick von Bastias »Balkon«, dem kleinen romantischen Platz, auf dem die Rue St. Michel endet, über den Alten Hafen hinüber auf die »Terra Vecchia«, zu der wir nun zurückkehren.

Stilleben mit Fischerbooten: Malerisches Gewimmel im Hafenbecken von Bastia.

Lido de Marana, Super-strand mit Stellplatz

Der Hafen von Bastia bei Nacht, überragt von den beiden Türmen der Kirche St. Jean Baptiste.

Auf der »Voie Rapide«, der Schnellstraße, die den Alten Hafen mittels eines Tunnels unterquert, umgehen wir das Verkehrschaos von Bastias Zentrum und gelangen nach wenigen Minuten problemlos hinaus auf die breite Ausfallstraße Richtung Bonifacio. Kilometerlang säumen Tankstellen, Supermärkte (gute Einkaufmöglichkeiten!) und andere Gewerbe die schnurgerade Straße, die hinaus zum *Étang de Biguglia* führt. Nach kaum 6 km verlassen wir die Rennpiste und biegen am Schild »Marana Plage« links von der N 193 ab. Eine Brücke führt über die schmalste Stelle des »Etang«, des riesigen, ebenso flachen wie vogelreichen Strandsees, hinüber an die Außenküste, an der sich bis zum Horizont ein prachtvoller Strand erstreckt. Vorbei an Feriendörfern und Campingplätzen rollen wir auf der schmalen Landbrücke zwischen See und Meer bis zum Urlaubsdorf »Les Sables de Marana«. Unmittelbar hinter der Siedlung führt ein Sandweg durch lichten Kiefernwald hinaus zum Strand. An einigen Stellen lauern zwar Kuhlen mit gefährlich weichem Sand, doch mit etwas Tempo sind diese auch mit dicken

Freies Campen ist in Korsika nicht erlaubt, doch gibt es auch so genügend (erlaubte) Stellmöglichkeiten.

Wohnmobilen ohne Probleme zu passieren. Und wer es geschafft hat, auf den warten wunderbare Stellmöglichkeiten im schattigen Wald. Jetzt im September können wir uns den schönsten Platz an Waldrand unmittelbar am Strand aussuchen. Nachdem wir uns installiert und die Besatzungen der beiden anwesenden Wohnmobile begrüßt haben, ziehen wir mit Badetuch und Rotwein zum herrlichen Strand. Ein Auftakt nach Maß. Das Plätzchen vor den Toren Bastias ist einfach zu idyllisch und perfekt, um nur zu übernachten und so verbringen wir auch den nächsten Tag mit Baden und Routenplanung am Strand von Biguglia. Die anstehende Grundfrage »Wie herum« um Korsika beantworten wir uns mit »gegen den Uhrzeiger«. Also auf zum Cap Corse. Doch bevor wir zurück nach Bastia fahren, umrunden wir den langgezogenen Strandsee und besichtigen einen der ältesten und bedeutendsten Sakralbauten der Insel, die frühromanische Kathedrale *La Canonica* aus dem 12. Jh. Verfehlen kann man die 1119 geweihte, wuchtige Kirche nicht. Sie ragt nämlich mit einem Eck in die Landstraße, die dadurch eine Kurve haarscharf um das Hauptwerk pisanischer Frühromanik auf Korsika herum machen muß. Ihre kleinere und noch ältere Vorläuferin, die im 11. Jh. errichtete Kathedrale *San Parteo*, versteckt sich nur 300 m entfernt von La Canonica in den Feldern.

Vorbei am Flughafen erreichen wir wieder die vierspurige Rennpiste N 193, auf der wir flott zurück nach Bastia brausen. Apropos: wer wie wir seine Inselum-

Am Ortseingang von Miomo, einem der schönsten Badeorte auf Cap Corse, steht dieser restaurierte Genuesenturm.

rundung entgegen dem Uhrzeigersinn macht, sollte die unbeschwerte Fahrt auf dieser »Autobahn« noch einmal in vollen Zügen genießen. Denn die kommenden Straßenverhältnisse am Cap Corse und entlang der Westküste sind nicht nur extrem kurvenreich, sondern auch meist sehr schmal und auf manchen Abschnitten wenigstens schweißtreibend abenteuorlich, wenn nicht wirklich gefährlich!

Auf zum Nordkap

Noch einmal durchfahren wir den Tunnel unter dem Alten Hafen von Bastia und vorbei am Fährhafen aus der pulsierenden Hafenstadt hinaus in die wilde Einsamkeit des Cap Corse, dem »Nordkap« Korsikas entgegen.

Die ersten Kilometer hinter der Stadtgrenze von Bastia führt die Küstenstraße durch schmucke Dörfchen, in denen sich die gutsituierten Städter Villen und Residenzen in blühende Gärten gestellt haben. Hat man diese »Vororte« hinter sich gelassen, ändert sich die Szenerie schlagartig. Die Küstenstraße wird zunehmend kurviger und verkehrsärmer

Zeugen der Vergangenheit: Die Genuesentürme sind Wachtürme. Sie sollten vor Piratenüberfällen warnen. Auf Cap Corse sind sie besonders häufig, so wie hier der Tour de Losse.

und die Landschaft rauher und einsamer. Linkerhand zieht sich der weitgehend wegelose Gebirgskamm hin, der mit dem 1.307 m hohen »Monte Stello« seinen höchsten Gipfel erreicht. Rechts fallen hart am Straßenrand die schimmernden schwarzgrünen Schieferfelsen zerklüftet hinab ins lockend blaue Meer. Dort, wo aus der gebirgigen Wasser- und Wetterscheide ein Wildbach herabströmt, führt die Straße hinab in fruchtbare Taleinschnitte, die sich an der Küste mit kleinen, aber hübschen Sandstränden schmücken.

Im Schrittempo mäandern wir auf der kurvigen Küstenstraße Richtung Norden bis *Erbalunga*. Das einnehmend schöne, verträumte Fischerdörflein zieht sich auf einem flachen Fels hinaus aufs Meer, dessen Spitze ein morscher Genuesenturm ziert. Die alten, verschachtelten Häuser von Erbalunga bieten einen solch pittoresken Anblick, daß wir eine Pause einlegen, um durch die engen, schattigen Gassen hinab zum klitzekleinen Fischerhafen zu bummeln, um dort im Schatten der Hafenbar die stille Idylle in vollen Zügen zu genießen.

Da das wunderschöne Erbalunga über keinen Strand verfügt, die hochstehende Sonne aber nun so stechend brennt, daß selbst der Schatten nicht mehr die nötige Abkühlung schaffen kann, streben wir weiter. Denn die nächsten Orte haben das Ersehnte – wenn zwar nur kleinen, aber feinen Sandstrand. Uns er-

Zimmer mit Aussicht: Macinaggio, beliebtes Urlaubsdorf mit herrlicher Marina.

scheint der Strand von *Marina de Pietracorbara* am einladendsten, weil wir hier mit unserem Reisemobil direkt am Strand parken können und praktisch aus der Tür uns in die blauen Fluten stürzen können. Übernachten ist für Wohnmobile jedoch verboten, und so trennen wir uns am späten Nachmittag schweren Herzens von dem einladenden Plätzchen, um ein solches für die Nacht zu finden.

Vorbei am fotogenen, sehr gut erhaltenen »Tour de Losse«, der sich herrisch auf einem Fels über der in die Küstenklippen gemeißelten Straße erhebt, erreichen wir das freundlich kleine Urlaubsdorf *Macinaggio*, das sich halbmondförmig um den großen Jachthafen schmiegt. Cafés, Bistros und Restaurants mit Meerblick verführen zum abendlichen Verweilen. Zuerst aber verführt uns der kostenlose Wohnmobilstellplatz direkt am Ufer mit Blick auf

Meer und Marina dazu, uns für die kommende Nacht einzurichten. Bei Pastis und Rotwein lassen wir uns in einem der Cafés auf der Hafenpromenade die milde Nacht über uns hereinbrechen.

Einsamkeit am Kap mit Wohnmobilstellplatz

Nach dem Frühstück mit frischen Croissants vom Bäcker gegenüber und einem kleinen Plausch mit dem beschäftigungslosen Taxifahrer, der sich neben der Tankstelle mit Liegestuhl und Sonnenschirm gemütlich eingerichtet hat, verlassen wir das symphatische, wohnmobilfreundliche Macinaggio. Gleich am Ortsende verläßt die Straße nun die Küste und biegt landeinwärts Richtung

Wegweisend: der Blick vom Hochplateau des korsischen Nordkaps auf die Ile de la Griaglia und den schneeweißen Leuchtturm.

Berge ab. Erst sanft durch Weinfelder, dann immer steiler durch Olivenhaine, Erdbeerbäume und Eichenwälder, klettert sie die Hänge hinauf. Auf halber Höhe erblickt man am gegenüberliegenden Talhang das malerische Dorf *Rogliano*, das wie ein Schwalbennest am steilen Hang des »Monte Poggio« klebt. Rogliano war einst der Sitz des mächtigen Adelssippe da Mare, die fast 500 Jahre lang über den Nordteil des Cap Corse herrschte. Die schmale Zugangsstraße nach Rogliano ist zwar für breite Wohnmobile nicht gerade ideal, aber da auf der weiteren Strecke noch deutlich schwierigere Passagen zu meistern sind, für den Piloten gleich eine gute Übung für das Kommende. Das Sträßlein trägt übrigens deshalb so einen großen Namen, weil es am 2. 12. 1869 von der Gattin von Napoleon III., der Kaiserin Eugénie gespendet wurde. Sie befand sich auf der Rückfahrt von der Eröffnung des Suezkanals, als ihr

Schiff von einem Sturm in den Hafen von Macinaggio gezwungen wurde. Und weil ihr der Weg nach Rogliano zu unkomfortabel war, finanzierte sie den Ausbau der Straße.

Kurz vor dem Bergdorf Ersa ermöglicht ein fast kahles Felsplateau an einer Schäferei gute Parkmöglichkeiten und eine wunderbare Aussicht über die gesamte Spitze des korsischen Nordkaps und der ihr vorgelagerten *Ile de la Giraglia*, auf der eines der Inselwahrzeichen, ein schneeweißer Leuchtturm, in der gleißenden Sonne erstrahlt. Wenige Kilometer weiter biegen wir erneut in eine kleine, schmale Nebenstraße ab, die sich in unzähligen Kurven und Kehren aus der Höhe hinab zur Küste schraubt. Der kleine, einsame Fischerort

Barcaggio überrascht uns mit einem hübsch angelegten Hafen und am Ortsrand mit einem von Bäumen umrahmten, ebenen Parkplatz direkt am Strand, auf dem man auch mit dem Wohnmobil offiziell übernachten kann. Auch der Nachbarort, das noch winzigere und verlassener wirkende *Tollare*, wartet mit einem großen, allerdings schattenlosen Platz am schmalen Strand auf, der für uns Motorcaravaner als Nachtplatz offiziell erlaubt ist.

Von Tollare führt eine ebenso schmale wie kurvige Straße wieder hinauf, wie es die nach Barcaggio hinab war. Nach insgesamt rund 16 km erreichen wir wieder die Hauptstraße und kurz danach den *Col de Serra*, auf dem man unbedingt eine kleine Rast einlegen sollte. Vom Parkplatz führt ein kurzer, aber steiniger Weg hinauf zum »Belvédère du Moulin Mattei«. Die alte, malerische Windmühle auf dem 404 m hohen Gipfel wurde von dem bekannten Aperitifhersteller Mattei restauriert und dient ihm nun als exponierter Werbeträger. Doch nicht die Mühle selbst, sondern der phantastische Blick, den man von hier oben über die Umgegend und hinab auf das für seine Schönheit berühmte Fischerdörfchen Centuri-Port hat, macht den kleinen Aufstieg lohnenswert.

Das schönste Fischerdorf Korsikas

Uns schwindelt allerdings doch leicht, als wir den überaus dünnen, verwirrend verschlungenen Faden der Piste sehen, die sich wie eine geringelte Schlange nach *Centuri-Port* hinabwindet. Doch er ist auch mit dem dicken Reisemobil zu meistern. Schließlich sind wir kurz vor dem Dorf an einer Gabelung angekommen. Links geht es zum Campingplatz, geradeaus zum Dörfchen. Doch ein überdimensionales Schild verbietet Wohnmobilen die Weiterfahrt nach Centuri-Port hinein. Das Verbotsschild sollte auch dringend beachtet werden, denn das Sträßlein verengt sich im Ort derart, daß selbst kleine PKW hier Schwierigkeiten bekommen. Da es dazu noch keinerlei Wendemöglichkeit

Pittoresk: Centuri-Port, das malerische Fischerdorf mit den engen Sträßchen. Für Wohnmobile absolut ungeeignet.

CAP CORSE

gibt, ist es eine veritable Wohnmobile-
falle. Wir spazieren also den kurzen Weg
hinab und sind hingerissen von dem
berückenden Idyll, der sich uns bietet.
Eng schmiegen sich die schieferge-
deckten Natursteinhäuschen um den
winzigen Hafen, in dem bunte Fischer-
boote schaukeln. Centuri-Port ist ohne
Frage eines der bezauberndsten Dörfchen auf ganz Korsika.

Vorbei am schönen Sandstrand, an
dem allerdings aufgeschüttete Sand-
wälle das Parken verhindern, und dem
still und schön gelegenen Campingplatz, klettern wir wieder hinauf Richtung D 80. An einer unbeschilderten Gabelung biegen wir irrtümlich links anstatt
rechts ab und stehen kurz danach unvermittelt auf einem weiten und ebenen, von riesigen alten Bäumen be-

schatteten Platz vor der mächtigen,
aber verlassenen Kirche »Annociation«.
Ein perfekter Picknickplatz. Also machen
wir erst mal ausgiebig Siesta und genießen den Meerblick und die sakrale
Stille dieses versteckten Orts.

Zurück auf der Hauptstraße, wird die
Fahrt ab *Morosaglia* zu einem ausge-
wachsenen Abenteuer. Die schmale
Küstenstraße ist mehr als abenteuerlich
in die schwindelerregend senkrecht abfallenden Küstenklippen gesprengt. Zur
gähnenden Tiefe trennt uns nur ein
kaum kniehohes, halbverfallenes Mäu-
erchen, das im Ernstfall nichts aufhalten
kann und nur bedingt zur psychologi-
schen Beruhigung taugt. Die zahllosen,
meist unübersichtlichen Kurven der
Strecke bis Pino verlangen vom Fahrer
höchste Konzentration und von der

Auf der Halbinsel Cap Corse:
Hinter Morosaglia wird die Fahrt zum
Abenteuer.

ständig über dem Abgrund schwebenden Copilotin starke Nerven. So kann man die grandiose Schönheit dieses Felsenchaos nur sehr bedingt genießen.

Schließlich ist das wunderschöne Bergdorf *Pino* erreicht. Unter riesigen Eykalyptusbäumen lockt uns eine Bar zur beschaulichen Kaffeepause, bevor wir uns zu Fuß auf den Weg hinunter zum Ufer und dem dortigen verlassenen Kloster »St. Francois« machen. Erschöpft und durchgeschwitzt vom steilen Aufstieg kommen wir zurück zu unserem Auto, in dem die Luft geradezu kocht. Wir japsen nach Frischluft. So verlassen wir Pino und klettern das kurvig steile Nebensträßlein D 180 hinauf in die Berge, das quer über das Cap Corse an die Ostküste führt. Unser Ziel heißt *Tour de Seneca*. Nach für den Motor anstrengenden, endlosen 5 km Klettertour ist die Paßhöhe, der

Nach Rückfrage auch als Stellplatz zu nutzen: der Strand in der Bucht von Marine d'Albo an der Westküste des Caps.

381 m hohe »Col de Ste. Lucie« erreicht. Direkt vor dem kaum mehr als wohnmobilbreiten Felsdurchstich (bei Durchfahrt vorher unbedingt hupen!) parken wir gegenüber einer kleinen Kirche. Der Platz vor dem Kirchlein wäre topfeben und schattig. Doch der schöne Stellplatz wird durch eine dicke Kette abgesperrt und ein Schild an der Kirche untersagt das Wildcampen. Direkt hinter der Kirche führt eine einspurige, aber geteerte Straße durch dichten Wald hinauf zum Seneca-Turm. Von unserem Ab- und Aufstieg in Pino für einen erneuten Fußmarsch noch zu erschöpft, wagen wir es und fahren vorsichtig hinauf. Gegenver-

kehr wäre hier mangels Ausweichstellen denkbar schlecht.

Von Badebucht zu Badebucht

Früh am nächsten Tag machen wir uns in der erfrischenden Morgenkühle auf den Weg und klettern den Trampelpfad auf die Felsnadel hinauf, auf dem der berühmte Turm thront. Der Legende nach soll in ihm im Jahr 41 n. Chr. der Philosoph und Dichter Seneca seine 8-jährige, durch den Kaiser Claudius wegen Verführung seiner Nichte gegen ihn verhängte Verbannung nach Korsika, abgesessen haben. Da der Turm jedoch erst im 15. oder 16. Jh. n. Chr. erbaut wurde, steht die Überlieferung allerdings auf etwas wackeligen Beinen. Doch Seneca hin oder her, die atemberaubende Aussicht vom Turm über das ganze Cap Corse von der West- bis zur Ostküste macht den Aufstieg zu einem unvergesslichen Erlebnis.

Kaum zurück auf der Küstenstraße, biegen wir schon wieder ab hinab zur *Marine de Giottani*, um in der Badebucht ein Morgenbad im Meer zu nehmen. Auch wenn der geschwungene Strand etwas kiesig ist, für Wohnmobilreisende ist die Bucht eine feine Adresse. Nur 200 m vom Strand entfernt, hat die Gemeinde im Flußtal einen Wohnmobilstellplatz angelegt. Das letzte Hochwasser des Baches hat die Einrichtungen allerdings erheblich mitgenommen. Und außerhalb der Hochsaison, so zeigen es eine Anzahl Wohnmobile und

unterstreicht auch der freundliche Wirt der einladenden Strandbar, ist es kein Problem, direkt vorn am Ufer zu stehen. Wir erliegen der Verlockung.

Am nächsten Morgen fahren wir weiter Richtung Nonza. Erst besichtigen wir noch den breiten Sandstrand in der Bucht von *Marine d'Albo*. Eine große und ebene, aber schattenlose Parkfläche direkt am Strand darf, so ein Anwohner auf unsere Nachfrage, auch zum Übernachten benutzt werden, sofern man nicht seinen Müll oder sonstige häßliche Spuren hinterläßt.

Viel Gekurve, aber auch wunderbare Aussichten hält der Streckenabschnitt der Küstenstraße bis *Nonza* für uns bereit. Auch dieses bilderbuchschöne Bergdorf sollte man nicht achtlos durchfahren. Denn neben seinem malerischen Ortsbild mit verträumten Bars, seinem berühmten »Schwarzen Strand« und legendenumwobenen Wehrturm bietet das Dörfchen noch eine wunderwirkende Quelle. Sie liegt an der endlos langen Treppe, die vom Ort hinab zu dem tiefschwarzen Sandstrand führt. Der optisch so verführerische Strand ist ein Abfallprodukt einer stillgelegten Asbestmine und deshalb gesundheitsschädlich. So steigen wir nur bis zur gefassten Quelle ab, an der am 22. Mai die Korsen die Märtyrerin und Schutzpatronin Sainte-Julie mit einer großen Prozession verehren. Nach einem tiefen Schluck und der Hoffnung auf ewiges Leben klettern wir hinauf zu dem berühmten Turm von Nonza.

Hinter dem kleinen Dorf *Marine de Negru* mit Genuesenturm und bescheidener Badebucht werden die Kurven weniger und die Straße breiter. Beschwingt rollen wir hinab in die fruchtbare Ebene des »Fiume Albine« nach *Patrimonio.* Der Ort hat außer einer weithin sichtbaren, mächtigen Kirche aus dem 16. Jh. und der berühmten, weil einzigen auf Korsika gefundenen, aus Kalkstein gemeißelten Menhir-Statue »U Nativu« aus dem 1. Jt. v. Chr., die in einem kleinen Park in der Ortsmitte steht, nichts Sehenswertes zu bieten.

Wir steuern das kurz vor Patrimonio unmittelbar an der Straße gelegene, wunderschöne, von Vater und Sohn Le Stunff betriebene Weingut »Domaine de Catarelli« an, das zu den besten der Region zählt. Und es ist gut, daß wir nur noch wenige Kilometer zu unserem Nachtquartier fahren müssen. Dieses ist der herrlich gelegene Campingplatz »A Stella« bei *Marine de Farinole.* Wir finden ein paradiesisches Plätzchen direkt am feinen Sandstrand und erleben beim romanti-

schen Abendbrot mit Catarelliwein den farbenprächtigen Sonnenuntergang über der gezackten Bergkette jenseits des Golfe de St. Florent.

Schön, aber ungesund: der tiefschwarze Sandstrand von Marine d'Albo. Baden sollte man hier besser nicht - das Erbe einer inzwischen stillgelegten Asbestmine.

Strecke

Bastia – Erbalunga (10 km) –
Macinaggio (28 km) – Centuri-Port
(33 km) – Nonza (50 km) – Patrimonio
(15 km) – St. Florent (5 km)

Streckenlänge

Bastia – Tollare ca. 60 km
Bastia – Tollare – St. Florent ca. 140 km

Straßenbeschaffenheit

von Bastia bis Col de Serra sehr kurvenreich, aber gut befahrbar. Abstecher nach Barcaggio/Tollare
schmal und kurvig, ebenso Abstecher nach Centuri-Port. Einfahrt nach
Centuri-Port mit Wohnmobil verboten! (Extrem enge Sackgasse).
Steilküstenstrecke ab Pino bis Nonza
teils extrem eng, kurvig und gefährlich. Abstecher zum Seneca-Turm
steil und kurvig. Ab Nonza bis Parti-
monio/St. Florent wieder breit und
gut befahrbar.

Information

Bastia / *Office de Tourisme*
Place St. Nicolas (Pavillon auf dem
Hauptplatz)
Tel. 04 95 55 96 96, Fax 04 95 55 96 00

Bastia / *Maison du Cap Corse*
Port de Toga (an Str. Richt. Cap Corse
am Jachthafen Ortsausgang von
Bastia)
Tel. 04 95 32 01 00, Fax 04 95 31 75 79

Campingplätze

Bastia / **Camping San Damiano*
Cordon Languinaire
Tel. 04 95 33 68 02, Fax 04 95 30 84 10
1. April – 31. Okt.
ca. 11 km südl. von Bastia am Strand
von Biguglia. Großer, schattiger, ebener, gut ausgestatteter Platz mit Restaurant und Supermarkt.

Marine de Pietracorbara / ***Camping La Pietra*
Tel. 04 95 35 27 49, Fax 04 95 31 66 29
April – Sept.
angenehm kleiner, stiller und schön
bewachsener, schattiger Platz 800 m
vom schönen Sandstrand. Durch
Büsche getrennte Parzellen, hervorragende Sanitäranlagen. 10 Fußmin.
zum Dorf.

Macinaggio / ***Camping de la
Plage U Stazzu*
Tel. 04 95 35 43 76
1. April – 30. Sept.
mittelgroßer, einsam gelegener,
schattiger Platz am Strand mit preis-
wertem Restaurant. Der Strand am
Platz ist jedoch nicht besonders einladend. Anfahrt: von Macinaggio Str.
Richt. Rogliano, dann rechts Hinweisschild folgen.

Centuri-Port / **Camping L'Isulottu
Tel. 04 95 35 62 81, Fax 04 95 35 63 63
20. Jan. – 20. Dez.
ca. 1,5 km südl. von Centuri-Port an
D 35 nach Morsiglia gelegen. Mittelgroßer, sehr still gelegener, von Bäumen beschatteter Platz in terrassierter Hanglage. Spezielle Wohnmobil-
Stellpätze. 10 Fußmin. zum schönen
Sandstrand.

Marine de Farinola / **Camping A
Stella
Tel. 04 95 37 14 37, Fax 04 95 37 13 84
1. Mai – 15. Okt.
wunderschön an der Strandbucht
gelegener terrassierter, gut ausgestatteter Platz mit Bäumen. Direkt
am Strand großer, ebener Platz mit
Buschwerk und herrlichem Blick
(Sonnenuntergang!) über die Bucht.

Stellplätze

Bastia / Port de Commerce
(Fährhafen)
große Parkflächen direkt im Fährhafen. Nicht leise, da nur durch Zaun
von der stark befahrenen Uferstraße
getrennt. Dafür nur wenige Minuten
zu Fuß zum zentralen Place St. Nicolas. Günstig für An-, Abreise und zum
abendlichen Bummeln mit Wein-
trinken.

Bastia / Lido de Marana
(Étang de Biguglia)
ca. 12 km südl. von Bastia direkt am
kilometerlangen Sandstrand gelegener, toller Platz. Zahlreiche Stellmöglichkeiten im lichten Kiefernwald
oder zw. Büschen am Strand mit
Meerblick. Anfahrt: 5 km nach Bastia
links (Schild »Cordon Languinaire«)
über Brücke. Nach ca. 8 km direkt
hinter Feriendorf «Sables de Marana»
links Sandweg hinein. Vorsicht, mehrere Stellen mit lockerem Sand.

Marine de Pietracorbara / Strand
Parkgelegenheit direkt am kleinen
Kiesstrand mit Strandbar, jedoch nur
für Baden oder Picknick. Von 22 – 7
Uhr für Wohnmobile verboten. Übernachten auf Camping »La Pietra«
(s. »Campingplätze«).

Macinaggio / Marina
offizieller, kostenloser Wohnmobil-
Stellplatz am Ortseingang hinter
Tankstelle/Hafenamt. Großer, ebener
Kiesplatz direkt am Ufer 100 m vom
Jachthafen und Promenade. Mit
Trinkwasserschlauch. Sanitärhaus mit
Münzduschen und Toiletten; kosten-
lose Toilettenentsorgung (keine
Chemie!).

Barcaggio / *Strand*
ebener, nur durch eine schatten-
spendende Baumreihe vom Strand
getrennter Sandplatz an Bachlauf.
Offizieller Wohnmobil-Stellplatz, in der
Saison Übernachtung kostenpflichtig
(Womo 24 Std. 40 FF). Mit Wasser-
hahn. Vorsicht, **kein** Trinkwasser!
Anfahrt: Ortseingang rechts Schotterweg (Schild »P«) bis Ende fahren.

Tollare / *Strand*
sehr großer, leicht abfallender und
schattenloser, offizieller Wohnmobil-
Stellplatz am schmalen Strand. Toller
Blick auf »Ile de la Giraglia«. Mit Was-
serhahn. Vorsicht, **kein** Trinkwasser!.
Bestes Trinkwasser gibt es in einem
nahen Brunnen; hinter erstem Haus
Weg links hinein.

Col de Serra / *Belvédère du Moulin
Mattei*
baumloser, teilw. leicht abfallender
Parkplatz auf der Paßhöhe unterhalb
der Windmühle. Häufig windig, aber
mit umwerfender Aussicht auf das
tief unten an der Küste liegende
Centuri-Port.

Morsiglia / *Kirche Annonciation*
großer, ebener, von alten Bäumen
beschatteter Platz vor alleinstehen-
der, leerstehender Kirche. Traumhaft
still und herrlicher Blick auf Meer.
Anfahrt: Str. von Centuri-Port Richt.
Morsiglia, an Gabelung links noch
ca. 1 km.

Pino / *Tour de Sénèque*
idyllisch stiller, ebener Platz unter Bäumen bei Ruine eines ehem. Kinder-
heims zu Füßen des Seneca-Turms.
Anfahrt: von Pino D 180 Richt. Luri, vor
Paßhöhe hinter kleiner Kapelle rechts
einspurige Stichstr. 1 km durch Wald
hinauf.

Marine de Giottani / *Strand*
offizieller Wohnmobil-Stellplatz ca.
200 m vom Strand entfernt. In Vor-,
Nachsaison auch direkt am schattenlosen Kiesstrand möglich. Mit
Strandbar und Sonnenuntergang
direkt in der stillen Bucht.

Marine d'Alba / *Strand*
großer, schattenloser PP direkt am
tollen, überbreiten Strand. Lt. Auskunft
von Einheimischen Übernachten
möglich, wenn man keinen Müll hinterläßt!

Gastronomie

Bastia / *La Citadelle*
Rue du Dragon 5
stilvoll rustikales Restaurant auf der
Zitadelle über dem Fischereihafen.
Von der Terrasse wunderbarer Blick
hinab auf Hafeneinfahrt.

Erbalunga / *Le Pirate*
am Hafen
im Fischerdorf-Postkartenidyll direkt
über dem winzigen, idyllischen Hafen
gelegen mit wunderschöner Terrasse.

Centuri-Port / *U Pescadore*
am Hafen
ungemein romantisch am winzigen
Hafen gelegen. Auf den Tisch kommt
von Hummer bis Dorade frisch zube-
reitet, was die Fischer gerade so
fangen.

Nonza / *Auberge Fabrizi*
preiswerte korsische Hausmannskost
und Spezialitäten direkt am schönen
Kirchplatz.

Sehenswert

Bastia / *Alt-, Zitadellenstadt*
in Unterstadt palmenbestandener
Place St. Nicolas und barocke Église
Saint-Jean-Baptiste. Besonders schön
die stille, verwinkelte Zitadellenstadt
mit Cathédrale Sainte-Marie,
Oratoire Sainte-Croix und genuesi-
schem Gouverneuspalast.

Étang de Biguglia / *Kathedrale La
Canonica*
größter Lagunensee Korsikas, Vogel-
schutzgebiet mit zahlreichen Vogel-
arten. Am Südende nahe Flughafen
die frühromanische pisanische
Kathedrale La Canonica aus dem
12. Jh., eine der ältesten Kirchen
Korsikas. 300 m entfernt im Feld
kleinere frühromanische Kirche San
Parteo.

Erbalunga
bilderbuchschönes Fischerdorf mit
winzigem Hafen und Genuesenturm.

Rogliano
stilles Bergdorf am Hang des Monte
Poggio, einst Sitz des Adelsge-
schlechts da Mare; mit Kirche St.
Agnel, Kirchenruine St.-Côme-et-St.
Damien, Burgruine San Calombano
und ehem. Kloster St. Francois.

Col de Serra / *Belvédère du
Moulin Mattei*
alte Windmühle am Col de Serra mit
einmalig schöner Aussicht auf Cap
Corse/Ile de la Giraglia und die Steilküste bei Centuri-Port.

Centuri-Port
gerühmt als das schönste Fischerdorf
Korsikas. Ein winziges Bilderbuchidyll
um einen ebenso winzigen Fischerhafen.

Pino / *Tour de Sénèque*
einsam, schwindelerregend hoch
auf Felsnadel gelegener Genuesenturm mit sagenhaft schöner Aussicht
über das Cap Corse.

Nonza bildschönes Bergdorf auf
steilem Felsvorsprung mit berühmten
Turm von Nonza, Barockkirche St. Ju-
lie, Pilgerquelle Fontaine Ste.-Julie
und tollem Blick hinab auf den
Schwarzen Strand von Nonza.

Patrimonio / *Weingüter, Menhir*
»U Nativu«
bedeutendstes Weinanbaugebiet
von Korsika mit zahlreichen Wein-
gütern (Weinprobe und Verkauf).
Besonders empfehlenswert: Weiß,
Rosé, Muscat der »Domaine de
Catarelli« (an der D80 bei Marine
de Farinole), Weiß, Rosé, Muscat der
»Orenga di Gaffroy« (in Patrimonio),
Rot, Muscat der »Domaine Lazzarini«
(in Patrimonio), Weiß, Rosé, Rot, Mus-
cat der »Domaine Leccia« (in
Poggio-d'Oletta). In kleinem Park
an Str. zur Kirche Menhirstatue
»U Nativu«.

Museen

Bastia / *Musée d'Enthographie*
Place du Donjon (Zitadelle)
Saison tägl. 9 – 12 u. 14 – 18 Uhr, sonst
10 – 12 u. 14 – 17 Uhr
sehr sehenswertes Museum im genuesischen Gouverneurspalast mit
Ausstellungen zu Archäologie, Geschichte, Geologie und traditionel-
lem Leben Korsikas.

Feste

Bastia / *Scala Santa* 12. Mai
große Prozession, bei dem die Gläu-
bigen auf den Knien die »Heilige
Treppe« hinauf zum Kirchlein Mon-
serratto erklimmen.

Nonza / *Sainte-Julie* 22. Mai
Wallfahrt, bei der zahlreiche Korsen
zu Ehren der christl. Märtyrerin zur
Fontaine Sainte-Julie pilgern.

Erbalunga / *Festival du Musique*
Anfang August
mehrtägiges Musikfestival mit einheimischen und internat. Interpreten.

Unternehmung

Wanderung auf den Gipfel des Monte Stello

Mit 1.307 m ist der Monte Stello der
höchste Berg auf dem Cap Corse.
Vom pyramidenförmigen Gipfel
bietet sich eine atemberaubend
schöne Rundsicht über das ganze
Cap Corse. Die Wanderung beginnt
im Dorf Pozzu (PP am Ortseingang).

DER NORD-WESTEN

Von Patrimonio nach St. Florent bis Calvi

Von »Korsikas Weinkeller« durch die »Goldene Muschel« in den »Garten Korsikas«. Besuch im koketten St. Florent und der feinen »Französin« Calvi mit abenteuerlicher Wüstenexpedition.

Mit der Fahrt hinab ins Tal des »Fiume Albine« haben wir das Cap Corse hinter uns gelassen und das *Nebbio* erreicht. »Nebbio« heißt Nebel und denselben gibt es früh am morgen tatsächlich recht häufig über den von 600 m bis zu 1.500 m aufragenden Gebirgsketten, die die kleine Region fast ringsum begrenzen. Sie sind einerseits für den sich meist schnell auflösenden Frühnebel verantwortlich, schützen die fruchtbare Aliso-Ebene aber auch vor kühlen Winden. Dank seines milden Klimas und seiner ertragreichen Böden wird der nur zum Golf von St. Florent hin geöffnete Kessel des Nebbio mit seinen Olivenhainen, Weinfeldern und Obstgärten von den Einheimischen auch »Conca d'Oru«, »Goldene Muschel« genannt. Touristisches Aushängeschild des Nebbio ist das angenehm Küstenstädtchen St. Florent, das mit seinen zahlreichen Hotels und Campingplätzen und schönen Ständen zu den beliebtesten Badeorten der Insel zählt.

Gipfelsturm mit umwerfendem Panoramablick

Obwohl wir nur wenige Kilometer von St. Florent weg sind, lassen wir die schöne Badenixe erst einmal unbeachtet und brechen erneut zu einer wenigstens für unser treues Wohnmobil sehr anstrengenden Bergfahrt auf. Erst schrauben wir uns auf der breiten und gut ausgebauten, aber rege befahrenen Verbindungsstraße D 81 von St. Florent nach Bastia hinauf auf den *Col de Teghime*. Fast nur im 2. Gang kriechen wir wir auf 536 m hohe Paßhöhe hinauf. Oben

Der Serra di Pigno bietet einen idealen Ausblick auf den Etang de Biguglia, Korsikas größtes Binnengewässer.

angekommen, entdecken wir neben einem Kriegsdenkmal, das an die korsischen Befreiungskämpfe gegen die deutschen Besetzer im 2. Weltkrieg erinnert, einen großen und topfebenen Parkplatz, auf dem wir unseren erhitzten »Packesel« erst einmal abkühlen lassen und die Aussicht genießen. Vor uns ragt steil, aber lockend der fast 1.000 m hohe Gipfel des *Serra di Pigno* auf. Von da oben muß der Blick noch um vieles schöner sein. Die Karte zeigt ein kleines Sträßlein, das bis zum Gipfel hinaufführt. Nachdem sich unser Motor genügend erholt hat, wagen wir es und stampfen die sehr schmale Teerstraße hinauf. Endlos lange 4,5 km quält sich der Motor die zwar mit einem Mittelstrich versehene, aber dennoch praktisch nur einspurige Stichstraße zum Gipfel hinauf. Unterwegs verführen mehrfach schöne Picknickplätze zum Abbruch der anstrengenden Gipfelstürmerei. Doch wir klettern weiter und werden oben auf dem Gipfel nicht nur mit wunderbaren Stellplätzen in rauher Felslandschaft entlohnt, die sich auch für eine Übernachtung bestens eignen würden, sondern auch mit einem Rundum-Panoramablick, wie er aufregender und schöner kaum sein könnte.

Bunt: San Michele di Murato. Die romanische Kirche wurde aus dunkelgrünen, weißen und orangefarbigen Steinen erbaut.

San Michele, das pisanische Insel-Kleinod

Zurück auf der Hauptstraße, biegen wir gleich hinter dem Col de Teghime auf die Nebenstraße D 38 Richtung *Oletta* ab. Das Sträßlein ist zwar schmal und etwas ramponiert, aber dafür kaum befahren. Vor allem aber windet es sich durch eine grandiose Felslandschaft. Der Fahrzeuglenker sollte seine Aufmerksamkeit hier aber tunlichst auf die Straßenverhältnisse und die zahlreichen unübersichtlichen Kurven konzentrieren. Durch das reizvoll verwinkelte und unverfälschte Bergdorf Oletta und den »Col de San Stefano« erreichen wir einen der kulturellen Höhepunkte des Nebbio und auch ganz Korsikas – die bildschöne romanische Kirche »San Michele de Murato«. Das unbestrittene Kronjuwel von Korsikas Sakralbauten ist eine der etwa 300 pisanischen Kirchen, die es einst auf Korsika gab. Obwohl nicht ganz original (ihr schlanker Turm wurde bei einer Restauration im 19. Jh. etwas erhöht), ist das zebraartige, weil aus dunkelgrünem Serpentin und weißen Kalkstein errichtete Kirchlein nicht nur im gesamten, sondern auch im Detail eine Augenweide. Wer mit offenen Augen um das harmonische Gotteshaus geht, entdeckt an der Fassade allerhand Verzierungen und allegorische Figuren und

In Überzahl: Auf einen Einwohner des malerischen Küstenorts St. Florent kommen in der Hochsaison zehn Touristen.

Szenen. Das ins Auge gefasste wohlbeschattete Parkplatzpäuschen mit tollem Blick hinab zum Meer vergällt uns allerdings ein neben uns parkender Reisebus mit laufendem und fürchterlich stinkendem Motor. Verärgert über solche Rücksichtslosigkeit rücken wir ab zu dem Plätzchen, das wir bei der Anfahrt kurz vor St. Michele entdeckt hatten. Klein wie ein intimes Separée und mit unserem Wohnmobil voll belegt, mit schattenspendenden Bäumen, nicht minder tollem Ausblick und vor allem mit herrlicher Ruhe und frischer Bergluft ohne Dieselgestank machen wir Mittagspause.

Direkt neben dem Parkplatz von San Michele führt ein bedenklich schmales Teersträßlein bergab. Nach kurzem Zögern, ob denn das mit unserem Dickschiff zu befahren sei, fassen wir uns ein Herz und fahren langsam hinab. Prompt kommt uns nach wenigen Minuten der Schulbus entgegen. Was nun? Doch der Fahrer kennt die Strecke und winkt uns

freundlich heran. Spiegel eingeklappt, er ein Stück vor, wir ein Stück vor und vorbei sind wir. Die Schulkinder freuen sich und winken, wir winken zurück und turnen im Schneckentempo durch die einsamen Bergdörfchen Rapale und Sorio die kurvenreiche Schmalspur hinab. Kurz hinter *Sorio* macht das Sträßlein eine extreme Schleife in das steil eingeschnittene Tal des Aliso hinein, den es auf einer Brücke überquert. Vor und hinter der Brücke bieten kleine Buchten seltene Parkmöglichkeit. Also halten wir an und entdecken neben der Brücke ein Natursteintreppchen, das zum glucksenden Bergbach hinabführt. Unten angekommen, unterqueren wir die Brücke und stehen nach wenigen Metern vor einem durch gewaltige, rundgeschliffene Felsen aufgestauten, fast runden Tümpel, gefüllt mit kristallklarem Wasser und beschattet von ausladenden

Ästen knorriger Laubbäume. Danach geht es auf furchtbar schmaler und zunehmend holpriger Teerspur über San Gavino durch nun baumlose, karge Felslandschaft bergab wieder dem Meer entgegen. Erleichtert, daß uns auf der ganzen Strecke kein einziges Fahrzeug entgegenkommt, erreichen wir das kleine Bauerndorf *San Pietro di Tenda*, das sich mit einer für das Winzdorf kolossal großen, schön erhaltenen Barockkirche schmückt. Mit jedem Kilometer wird die Landschaft um uns karger und verbrannter. Eine trockene, faszinierend trostloste Steinwüste umgibt uns, denn wir haben die Ausläufer der »Desert des Agriates« erreicht. 15 Kilometer Schleichfahrt auf schlechter Kurvenpiste, von unserem Stopp bei Sorio aus gerechnet, liegen hinter uns, als wir unvermittelt auf die breite Hauptstraße D 81 einbiegen, die uns in flotter Fahrt hin zum Meer und Strand nach St. Florent bringt.

Sexy und kokett, das Nizza Korsikas

Soeben noch in der menschenleeren, lebensfeindlichen Steinwüstenei, kehren wir nun ins mediterrane Leben zurück. *St. Florent* ist klein. Zählt es selbst gerade mal 1.500 Einwohner, schwillt die Zahl im Hochsommer auf das über Zehnfache an. Doch jetzt im September herrscht zwar auf den Plätzen, in den Bars und Geschäften und an den Stränden noch reges Treiben, aber kein nervtötender Massenauftrieb. St. Florent ist kokett und chic, aber nirgends protzig und grell. Ein großer, schön angelegter Jachthafen, den eine Fußgängerbrücke in sanftem Bogen hinüber zum Strand überspannt, an dem sich hübsche Bikinigirls tummeln. Gegenüber am Fischerhafen schaukeln buntbemalte Boote und Bötchen, und an der Promenade sieht man gemächlich

Korsisches Saint-Tropez: Saint Florent.

Plage de Saleccia: der Sandstrand entschädigt für die Fahrt durch die sonnenglühte Desert des Agriates.

Einheimische und Besucher flanieren. Die größte Sehenswürdigkeit von St. Florent, die Kathedrale »Santa Maria Assunta«, versteckt sich etwas. Schräg gegenüber vom Hauptplatz an der Durchgangstraße biegt ein schmales Sträßchen landeinwärts ins Tal des Poggio ab. Die ebenso schlichte wie schöne pisanische Kathedrale aus dem 12. Jh., die bis 1814 als Bischofssitz diente, findet man am Ortsende unmittelbar neben dem Sträßlein. Wer mit dem Wohnmobil an der Marina keinen Parkplatz findet, biege ebenfalls in das Sträßlein ein. Nach gut 100 m ist rechts eine große Stellfläche, auf der man auch einmal übernachten kann. Sonst bleiben dafür eine Reihe direkt nebeneinanderliegender, nur durch eine kleine Straße vom Strand getrennte Campingplätze auf der der Stadt gegenüberliegenden Buchtseite. Hinter dem letzten Camping verhindert eine Wohnmobilsperre das Weiterfahren.

Die Balagne, der »Garten Korsikas«

Wir lassen das aparte St. Florent hinter uns. Am *Bocca di Vezzu* warten links und rechts der Straße große ebene Park-

Paßhöhe mit Parkplatz: der Bocca di Vezzu bietet einen guten Überblick.

plätze mit Tischen und Bänken und wunderbarer Aussicht, die sich auch gut zum Übernachten eignen. So halten wir an und blicken beim Frühstück über die wilde, einsame Felsenwüstenei der Agriaten, bevor wir beschwingt hinab Richtung Ile-Rousse zum Meer rollen. Bei Lozari erreicht die Straße wieder die Küste. Die Wüste liegt hinter uns. Vor uns im kilometerlangen Bogen eine Bucht mit herrlichem Badestrand. Am südlichen Buchtende führt eine befestigte Straße zum jetzt in der Nachsaison menschenleeren Strand. Nur 8 km sind es von Lozari bis nach Ile-Rousse. Doch dank unserem sehr frühen Aufbruch ist der Tag noch jung und unsere Lust auf Stadt gering. Also lautet der Entschluß »Rundfahrt durch die Balagne«.

Mit *Lozari* haben wir die *Balagne* erreicht, die sich nach Süden bis nach Calvi erstreckt. Abrupter könnte der Wechsel nicht sein. Aus der durchglühten, lebensfeindlichen Ödnis der Agriaten sind wir direkt in den »Garten Korsikas« hineingefahren. Das fruchtbare Land steigt von der Küste in sanften Hügeln an und wird von einem mächtigen Gebirgszug begrenzt, dessen Gipfel bis über 2.000 m aufragen.

Von Lozari bis zum Balagnedorf Belgodère ist die Teerbahn noch breit. Ansonsten sind die Straßen durch die Balagne sind durchweg schmal und kurvenreich, aber mit etwas Umsicht mit dem Wohnmobil durchaus befahrbar.

Belgodère heißt »schönen Aufenthalt« und so begrüßt uns auch das freundlich stille Dörfchen mit seiner erstaunlich großen, weißgetünchten Ba-

Adlerhorst: Sant' Antonio, das Juwel unter den Dörfern der Balagne.

rockkirche. Durch schattige Wälder schlängeln wir uns am Abhang der grünen Hügel entlang. Zum Meer hin öffnet sich ein wunderbarer Blick über den korsischen Garten Eden. Landeinwärts ragen schroff und zerrissen Felsgipfel auf, die ihr schrundiges Haupt in Wolken und Nebelschwaden verhüllen. Über Costa kurven wir weiter und entdecken plötzlich zwischen den Wolkenfetzen und kahlen Felsgraten das Dörfchen *Speloncato*, das hoch über uns abenteuerlich auf einem Felssporn thront und unerreichbar scheint. Doch bei Costa windet sich ein geteertes kleines Nebensträßlein zu dem Krähennest hinauf, das zu den schönsten und ursprünglichsten Dörfern der Balagne zählt. Unser Wohnmobil lassen wir am Ortseingang stehen und schlendern treppauf treppab durch die engen Gassen des malerischen Bergdorfs. Durch die »Spelunca«, einen schmalen natürlichen Felstunnel, der dem Ort seinen Namen gab, erreichen wir die zentrale »Place

St. Antonino wurde im 9. Jh. gegründet. Hierher flüchteten früher die Balagne-Bewohner bei Piratenüberfällen.

de la Liberation«, wo sich das gemächliche Dorfleben abspielt. Wer sich am 8. April oder 8. September hier aufhält, kann ein einzigartiges Naturschauspiel erleben. Dann fällt nämlich, wenn die Sonne hinter den Bergen untergegangen ist, durch das gigantische Loch im Gipfel der »Pietra Tafonata« ein gebündelter Lichtstrahl der Sonne für kurze Zeit noch einmal exakt auf den Dorfplatz.

»U Mulinu«, beste korsische Küche in alter Mühle

Feliceto heißt das nächste Dorf auf unserer Strecke. Gleich am Ortseingang liegt in einer alten, romantischen Mühle die »Auberge du Moulin« mit der Osteria »U Mulinu«, die ein echter Geheimtip für Gourmets ist. Monsieur Ambrosini serviert in seiner romantischen Mühle beste korsische Küche zu einem für die hervorragende Qualität zivilen Preis. Die Auswahl fällt nicht schwer. Es gibt jeden Abend nur zwei wechselnde Menüs zur

Auswahl. Versonnen tuckern wir über Murato nun wieder bergab der Küste entgegen. Kurz hinter Cateri biegen wir von der Hauptstraße rechts ab, um auf dem schmalen Band der D 413 wieder hinauf zu dem meistbesuchten Balagnedorf *Sant' Antonino* zu klettern. Hat uns das Bergdorf Speloncato durch seine phantastische Lage bereits in Bann

Korsischer Käse ist sehr pikant. Er wird aus Schafs- oder Ziegenmilch erzeugt.

geschlagen, so setzt uns die von St. Antonino noch mehr in Verzücken. Wie ein struppiger Adlerhorst hockt es über den Niederungen der Welt direkt auf der Spitze eines die Umgegend weit überragenden Bergkegels. Tatsächlich soll das Dorf, das von sich behauptet, das älteste von ganz Korsika zu sein, einst als Fluchtburg vor Piratenangriffen gegründet worden sein. Wir parken auf dem großen Parkplatz an der Kirche (zum einmaligen Übernachten geeignet) vor dem malerischen Örtchen, genießen mit den anderen Besuchern zusammen den einmaligen Rundumpanoramablick und gönnen uns in der Bar am Dorfplatz einen Pastis.

Einspurig: die Fahrbahn über die Staumauer bei Monticello.

Über *Aregno*, auf dessen Friedhof die sehenswerte pisanische »Église de la Trinité« aus dem 12. Jh. steht, geht es in zahllosen Kehren weiter abwärts. Vorsichtig fahren wir um die unübersichtlichen Kurven herum und sehen plötzlich vor uns auf einem vorspringenden Bergsporn die eng zusammengedrängten Häuschen von Pigna liegen.

Wer eine »Paghjella«, den einzigartigen, tief melancholischen wie uralten korsischen dreistimmigen A-cappella-Gesang erleben will, bei dem sich die überlagernden, vibrierenden Stimmen zu unerhört mitreißenden Harmonien verschmelzen, ist in Pigna genau richtig. Denn die Mitglieder von »A Cumpagnia« treten einmal wöchentlich im sehr empfehlenswerten Restaurant der »Casa Musicale« auf.

37

Badetrubel in Ile-Rousse

Still ruht der See: Stellplatz beim Barrage de Codolo, dem abgelegenen Stausee.

Rechtschaffen müde vom besonders langen Tag und hungrig, ist jetzt der Platz für die kommende Nacht unser vorrangigstes Ziel. Im vielbesuchten Badeort *Ile-Rousse* finden wir nur einen großen, staubigen Parkplatz an der Durchgangstraße, aus dem wir die Nacht verbringen könnten. Für das ersehnte, geruhsame Abendbrot kaum geeignet. Ein Blick auf die Karte zeigt landeinwärts mitten in der Balagne einen Stausee. Kurzentschlossen klettern wir ein letztes Mal für heute aus Ile-Rousse auf der kleinen Nebenstraße D 63 Richtung Monticello hinauf. Wie ein Balkon gewährt das Sträßlein einen Blick auf Ile-Rousse, in dem schon die ersten Lichter aufflammen.

Das tägliche Morgenbad nehmen wir dann am breiten, feinen und kilo-meterlangen Sandstrand von *Algajola*. Als Standort für Badetage ist der kleine Ferienort günstig. Denn zwischen Strand und Campingplatz rattert das kleine Schmalspurbähnlein entlang, das Calvi mit Ile-Rousse verbindet und die ideale Möglichkeit bietet, zum Bummeln, Einkaufen und Besichtigen der beiden Städte das Wohnmobil einmal stehen zu lassen.

Direkt hinter *Lumio* führt eine schmale Stichstraße hinab zum »Golf de Calvi«. Erst erreichen wir einen idyllisch winzigen Sandstrand zwischen malerischen Felsklippen mit schattenspendenden Bäumchen und dem wunderbar gelegenen Restaurant »Mathari« mit ebensolchem Blick auf die Zitadelle von Calvi. Doch auf dem großen Parkplatz

Das berühmte 2. Fallschirmjägerregiment der Fremdenlegion belegt noch heute Teile der Zitadelle von Calvi. Die Eliteeinheit gibt es seit 1831.

prangt uns ein Schild »Camping verboten« entgegen. Also tuckern wir weiter bis zum Genuesenturm, bei dem sich auf blankem, flachgewaschenen Fels sich traumhafte Stellplätze direkt über dem Meer bieten.

Der nächste lohnende Abstecher zum Strand liegt nur wenige Kilometer weiter. Dort, wo die Straße nach Calvi schnurgerade ein breites Tal durcheilt, biegt gegenüber der Bar/Pizzeria »Cormoran« eine unbefestigte Piste zum Meer ab. Kurz darauf stehen wir an der *Plage St. Restitude* und finden dort wunderbare Stellplatzmöglichkeiten zuhauf.

Der Ort Ile-Rousse verdankt seinen Namen der vorgelagerten Felseninsel.

Parc Naturel Régional

N.D. de la Serra

Golfe de Calvi

Calvi

Marine de St. Ambroggio

Algajola

Lumio

Forêt de Bonifato

Fontaine de Bonifato

Calenzana

Zilia

Pigna

197

Corbara

Ile-Rousse

Cateri

St. Antonino

Monticello

Feliceto

Lozari

Monte Padro 2393

Belgodère

Speloncato

Ville-di-Paraso

Olmi Cappella

Palasca

Plage de Saleccia

Novella

Asco

Gorges de l'Asco

Popolasca

Castifao

Moltifao

197

Urtaca

Bocca di Vezzu

Croce d'Arbitro

Ponte Leccia

Pietralba

Lama

Monte Asto 1535

Costa

San-Gavino-di-Tenda

Golfe de St. Florent

Rapale

St. Florent

Morosaglia

la Porta

Campitello

Scolca

Monte

193

Murato

San-Michele

Rutali

Oletta

Patrimonio

Col de Teghime 560

Serra di Pigno

Strecke

Patrimonio – Col de Teghime (8 km) –
Serra di Pigno (4 km) – Oletta (9 km)
– Murato (9 km) – San Gavino di
Tenda (13 km) – St. Florent (18 km) –
Désert des Agriates/Plage de
Saleccia (24 km) – Lozari (40 km) –
Belgodère (8 km) – Feliceto (14 km) –
St. Antonino (14 km) – Ile-Rousse
(17 km) – Barrage de Codole (10 km)

Streckenlänge

Patrimonio – St. Florent ca. 60 km
Patrimonio – St. Florent – Ile-Rousse
ca. 180 km

Straßenbeschaffenheit

Von Partimonio bis Col de Teghime
steil und kurvig, aber breit. 4,5 km
Stichstraße zum Serra di Pigno sehr
schmal, ungesichert und steil. Vom
Col de Teghime bis Oletta ungemein
kurvig und teils eng, aber kaum Verkehr. Bis Murato breit und gut.
Nebenstraße von Murato bis D 81
sehr schmal und kurvenreich. Zu Beginn guter Belag, der jedoch immer
schlechter wird. Extreme Geländepiste durch Désert des Agriates bis
Plage de Salleccia mehr als abenteuerlich! Für 12 km ist mit 1 bis 1,5
Std. im 1. maximal 2. Gang zu rechnen! D 81 bis Lozari sehr gut und
breit, ebenso bis Belgodère. D 71
durch die Balagne sehr kurvenreich,
aber ausreichend breit. Stichstraße
nach Speloncato sehr schmal. Von

Ile-Rousse zum Stausee erst steil und
kurvig, dann eben und ausreichend
breit. Über den Damm nur einspurig.

Information

St. Florent / *Syndicat d'Initiative*
im Postgebäude an der Durchgangstraße
Tel. 04 95 37 06 04, Fax 04 95 37 03 70

Ile-Rousse / *Office de Tourisme*
Place Paoli (zentr. Hauptplatz)
Tel. 04 95 60 04 35, Fax 04 95 60 24 74

Campingplätze

St. Florent / **Camping Acqua Dolce*
Tel. 04 95 37 08 63
1. Juni – 30. Sept.
an der Südseite der Bucht (Str. Richt.
Calvi, nach Brücke rechts). Einfach
ausgestatteter, von Bäumen beschatteter, ebener Platz am Ende
der Stichstraße. Nur die kleine Straße
trennt ihn vom hübschen Sandstrand
mit tollem Blick auf St. Florent.

Désert des Agriates / *Camping U
Paradisu*
Plage de Saleccia
Tel. 04 95 73 82 51
15. Mai – 30. Sept.
kleiner, paradisisch einsam gelegener
Naturplatz am terrassierten Hang mit
Eukalyptusbäumen wenige Gehmin.
vom Super-»Südsee«-Strand mit Lagunensee entfernt. Mit stromaggregat-
betriebenem Bar/Restaurant. Von seiner Lage hätte er 5 Sterne verdient.

Anfahrt jedoch extrem! Von D 81 am Weiler Casta 12 km gnadenlose Abenteuerpiste über Stock und Stein quer durch die Wüste. Man braucht mind. 1 Std. und das meist im 1.Gang!

Lozari / ***Camping Le Clos des Chênes*
an der Str. nach Belgodère
Tel. 04 95 60 15 13, Fax 04 95 60 21 16
1. Mai – 30. Sept.
großer, luxuriös ausgestatteter Platz in schattigem Oliven-, Eichenwald. Mit Swimmingpool, Wasserrutschbahn, Supermarkt, Restaurant, Grillplatz, Waschmaschinen, Geldwechsel u.a. 1km von auch in der Saison nicht überlaufener Badebucht mit Dünen und 400 m langem Sandstrand.

Ile-Rousse / ***Camping Les Oliviers*
an der Str. nach Bastia
Tel. 04 95 60 19 92, Fax 04 95 60 30 91
1. April – 30. Sept.
1 km außerhalb der Stadt gelegener, großer, ebener Platz im Olivenhain zw. Str. und Bahndamm. Günstig für nächtl. Bummel durch die Stadt. Zum Baden weniger geeignet, nur kleiner felsiger Strand am Platz.

Algajola / **Camping de la Plage*
direkt am Strand
Tel. 04 95 60 71 76, Fax 04 95 60 71 76
20. März – 15. Okt.
1 km vor dem Ort gelegener, gut ausgestatteter, mittelgroßer, topfebener Platz mit lichtem Baumbestand direkt am sehr schönen, langen Sandstrand in der Bucht von Aregno.

Mit Restaurant, Supermarkt, Waschmaschinen, Geldwechsel u.a. Ideal für Ausflüge nach Calvi und Ile-Rousse, da direkt am Strand Haltestelle der Schmalspurbahn.

Stellplätze

Col de Teghime / *Serra di Pigno*
PP auf dem 960 m hohen Gipfel in toller Gebirgslandschaft und sagenhaft schönem Blick auf Bastia/Ostküste und Golf von St. Florent/Westküste. Anfahrt: 500 m nach Paßhöhe 4,5 km lange, schmale, steile Stichstraße bis Gipfel. Auf halber Strecke rechts zum Stehen geeignete, windgeschützte, ebene Kuhlen zwischen Felsblöcken.
Beim Kriegsdenkmal an D 81 ebener, eingezäunter PP. Stiller und schöner ist der PP an der D 38 Richt. Oletta nach 500 m rechts. Super Aussicht auf Golf von St. Florent.

Murato / *San Michele*
100 m vor der Kirche winziger, idyllischer Picknickplatz mit Felsen, Bäumen und herrlicher Aussicht. Fein, aber so klein, daß er mit 1 Womo belegt ist. Bei der Kirche ebener, geteerter PP an der Straße mit tollem Blick auf den Golf von St. Florent.

Bocca di Vezzu
auf Paßhöhe links und rechts der Straße großer, geteerter PP mit Tischen und Bänken und schöner Fernsicht.

St. Antonino
großer befestigter PP an der Kirche vor dem Bergdorf mit phantastischer Aussicht.

Lozari / *Strand*
am südl. Buchtende kleine Teerstraße zu PP direkt am tollen Sandstrand. Von 20 – 6 Uhr für Womo verboten. In Buchtmitte neben Urlaubsdorf fester Sandweg zu unbefestigtem PP am Strand mit Schild »Campen verboten«. In Vor-, Nachsaison auf beiden PP einmaliges Übernachten möglich.

Ile-Rousse / *Stadt*
großes, staubiger PP an Durchgangstraße am Abzweig nach Monticello. Direkt daneben Supermarkt. Ideal zum Stadtbummel und Einkaufen und abendl. Ausgehen. Nicht leise, aber für einmaliges Übernachten geeignet.

Monticello / *Barrage de Codolo*
ebener, unbefestigter, sehr stiller Platz zwischen Felsen direkt über dem Stausee. Anfahrt: von Ile-Rousse D 63 hinauf. An Gabelung bei Monticello links weiter bis Weiler Regino, dann rechts unter Eisenbahn hindurch bis Staumauer. Über die einspurige Staumauer, unmittelbar danach links Schotterweg rein.

Lumio / *Punta Caldana*
wunderschöner ebener Platz auf blankpoliertem, nacktem Fels direkt unterhalb eines Genuesenturms oberhalb der Küste. Tolle Badestellen auf glatten Felsplatten oder kleinen Sandstellen dazwischen. Anfahrt: von Lumio Stichstraße zur Küste. Am Restaurant »Matahari« (großer schattiger PP und sehr schöner Strand, Campen verboten) rechts vorbei 1 km bis zum Turm.

Calvi / *Golf von Calvi*
zahlreiche tolle Stellmöglichkeiten, teils zwischen schattigen Büschen und Bäumen, teils schattenlos auf ebener Fläche direkt am Strand mit super Blick über die Bucht auf Calvi. Am Platz Kiesstrand, der jedoch bald zum feinen Sandstrand wird. Anfahrt: in Buchtmitte an Bar/Pizzeria »Cormoran« 500 m lange Stichstraße hinein.

Gastronomie

Monticello / *La Bergerie*
Str. nach Monticello
köstlich tafeln im verträumten Hof einer malerisch alten Schäferei. Die mediterranen Speisen sind so gut wie die Bedienungen freundlich und reizend. Beides sind die etwas gehobenen Preise wert.

Feliceto / *Osteria U Mulinu*
Tel. 04 95 61 73 06
exzellente korsische Küche in wunderhübscher, 400 Jahre alter Mühle am östl. Ortsausgang, in der auch schon Starkoch Paul Bocuse zu Gast war. Herr Ambrosini offeriert tägl. wechselnd 2 Menüs. Reservierung empfehlenswert! Di. geschl.

Pigna / *Casa Musicale*
Tel. 04 95 61 77 31
ausgezeichnete korsische Küche im
von Künstlern/Musikern betriebenem
»Zentrum der korsischen Musik« mit
herrlicher Aussicht. Als Sahnestück
gibt's Di. (Juni – Sept.), Do. (Okt. –
Mai) live für die Gäste ab 22 Uhr die
berühmte Gruppe »A Cumpagnia«
zu hören. Sehr empfehlenswert!

Sehenswert

Col de Teghime / *Serra di Pigno*
grandioser Panoramablick über
wilde Berglandschaft, auf Bastia/Ost-
küste und Golf von St. Florent/West-
küste.

Murato / *San Michele de Murato*
zauberhafte, 1280 erbaute pisanische Kirche allein auf einem kleinen
Plateau mit herrlicher Aussicht nach
allen Seiten. Sie gilt als die schönste
Kirche Korsikas.

St. Florent
hübscher Badeort mit kleiner Zitadelle. Besonders sehenswert die pisanische Cathedrale di Nebbiu (Santa
Maria-Assunta), einer der ältesten
und bedeutendsten Sakralbauten
Korsikas.

Désert des Agriates / *Plage de
Saleccia*
unter Naturschutz stehende unweg-
same, 160 qkm große, staubtrockene
Steinwüstenei, durch die nur ein paar
wenige höchst abenteuerliche

Geländepisten führen. Eine davon
führt zur paradiesischen Plage de
Saleccia, einem der schönsten Strände auf Korsika.

Speloncato
malerisch mittelalterliches, unbe-
rührtes Bergdorf. Eines der schönsten
Balagne-Dörfer, das phantastisch
zwischen den nackten Felsen klebt.

St. Antonino
bezauberndes Bergdorf in einmaliger
Gipfellage. Wie ein Rabennest thront
es auf der Bergspitze. Die Aussicht ist
umwerfend!

Pigna
das bilderbuchschöne Bergdorf ist
das Zentrum der Pflege korsischer
Traditionen. Zahlreiche Künstler,
Kunsthandwerker und Musiker leben
und arbeiten hier. Besonders hervor-
hebenswert die »Casa Musicale«
und »Casa di l'Artignani«.

Couvent de Corbara
Franziskanerkloster am Hang des
Monte St. Angelo mit Barockkirche,
herrlichem Kreuzgang und Innenhof.

Ile-Rousse
hübscher Badeort mit vorgelagerter
ockerroter Leuchtturminsel, die bei
Sonnenuntergang rot erglüht. Besonders bunt die zentrale Place Paoli mit
angrenzender offener Markthalle.

Museen

Ile-Rousse / *Musée Océano-graphique*
Promenade A Marinella (am Stadt-strand)
1. April – 1. Okt. Di – So
Führungen: 12 und 14 Uhr, Juli – Sept. zusätzl. 15. 30 Uhr
in Form einer Unterwassergrotte errich-tetes Aquarium, in der die typische Flora und Fauna des Mittelmeers zu sehen ist. Besonders interessant ist die Teilnahme an einer Führung (auch deutschsprachig). Dauer ca. 1,5 Std.

Feste

Pigna / *Festivoce*
Anfang bis Mitte Juli
großes 10tägiges Festival der tradi-tionellen korsischen Musik mit zahl-reichen Aufführungen in Pigna und anderen Balagne-Dörfern. Info im »Casa Musicale«, Tel. 04 95 61 77 31 oder Tourist-Infos Ile-Rousse und Calvi.

Unternehmung

Auf der »Strada di l'Artignani« zu Künstlern und Kunsthandwerkern
In der Balagne, dem lieblichen »Garten Korsikas«, haben sich zahl-reiche Künstler und Kunsthandwerker niedergelassen. Die traditionellen Handwerke reichen vom Töpfer über Glasbläser oder Messerschmied bis zum Instrumentenbauer oder Kunst-tischler. Wer sich garantiert echt korsi-sches Kunsthandwerk mit nach Hau-se nehmen will, sollte keinesfalls in den Souvenirshops der Städte ein-kaufen, sondern eine Fahrt auf der »Straße der Künstler der Balagne« unternehmen. Sehr hilfreich ist dabei die Broschüre »Strada di l'Artignani«, die rund 30 Adressen in der Balagne vorstellt. Für diejenigen, die sie nicht haben, einige Tips:

- Calenzana: Drechsler/Kunsttischler »U Giru«, Tel. 04 95 62 80 04 (Mo – Sa 9 – 17 Uhr)
- Feliceto: Glasbläser »Verrerie Corse«, Tel. 04 95 61 73 05 (Mo – Fr 9.30 – 12 u. 15 – 18.30 Uhr)
- St. Reparata di Balagna: Kunstschmied »Martelli«, Tel. 04 95 60 16 22 (Mo – Fr 8 – 12 und 14 – 18 Uhr)
- Pigna: Musikdosen (mit trad. kors. Musik) »Darenal«, Tel. 04 95 61 77 15 (tägl. 10 – 13 und 15 – 20 Uhr)
- Piga: Musikinstrumente »Casa-longa«, Tel. 04 95 61 79 18 (Mo – Fr auf Anfrage)
- Lumio: Messerschmied »Moretti«, Tel. 04 95 60 71 94 (Mo – Fr 10 – 12 und 15 – 19 Uhr)
- Occiatana: Töpferei »Terra e Focu«, Tel. 04 95 61 33 20 (tägl. 10 – 12.30 u. 15.30 – 19.30 Uhr)
- Cateri: Fell-/Wollprodukte »U Pellaghiu«, Tel. 04 95 61 75 94 (Mo – Fr 10 – 18 Uhr)

DER WESTEN

Von Calvi nach Porto und durch die Spelunca-Schlucht auf das »Dach Korsikas«

Auf abenteuerlicher Küstenstraße durch den wilden Westen Korsikas. Phantastische Schluchten, schroffe Gebirge, zerklüftete Klippen und Traumbuchten mit unvergesslichen Sonnenuntergängen.

st die Ostküstenstadt Bastia von ihrem Flair unverkennbar eine »Italienerin«, so ist die Hafen- und Zitadellenstadt *Calvi* an der Westküste eine ausgemachte »Französin«. Nicht nur ihr besonderer Charme und ihre gehoben feine Art erhebt sie dazu, sondern auch die zahllosen Festlandsfranzosen, die im großen Fährhafen der Stadt an Land gehen und Calvis Lebensgefühl stark prägen. Aber auch eine andere, urfranzösische Einrichtung ist im Stadtbild nicht zu übersehen – die Fremdenlegion. Die Söldnertruppe mit ihren unverwechselbaren weißen Käppis ist in einem unzugänglichen Teil der Zitadelle kaserniert.

Zitadelle mit Fremdenlegion

Uneinnehmbar scheinen die schwindelerregend aufragenden Festungsmauern, die die hoch über dem Hafen auf einem weit ins Meer vorspringenden Felsenkliff liegenden Zitadellenstadt umschließen. Es ist vor allem die gewaltige Festungsanlage, die das Ortsbild prägt und Calvi neben Bonifacio zur architektonisch eindrucksvollesten Stadt Korsikas macht. Wir rechnen mit erheblichen Parkproblemen mit unseren Langschiff, als wir nach Calvi hineinfahren. Doch die Überraschung ist groß. Zwischen Jachthafen und Strand erstreckt sich

Blick von der Zitadelle Calvis auf Altstadt und Jachthafen.

ein mehr als fußballfeld-
großes, topfebenes Areal,
das uns aller Sorgen ent-
hebt. Direkt gegenüber
bieten zwei große Super-
märkte günstigste Ein-
kaufsgelegenheit.

Uns bricht schon allein
beim Anblick der hoch
über uns aufragenden Zi-
tadelle der Schweiß aus.
Doch auch wenn die Son-
ne noch so sticht, den Aufstieg sollte niemand ver-
säumen. Der Weg hinauf führt über die
»Place Christoph Colombe«. Der außen
aus der Festungsmauer herausragende
Bug eines Schiffes mit der Büste des
berühmten Seefahrers, den die Stadt-
väter 1992 zum 500jährigen Jubiläum
der Entdeckung Amerikas anbringen
ließen, soll manifestieren, wovon die Einwohner Calvis überzeugt sind: Kolum-
bus sei im Jahr 1451 nirgends anders als
in der Zitadelle von Calvi geboren und
so unzweifelhaft ein Sohn ihrer Stadt.

»Civitas Calvi Semper Fidelis«, »Die
Bürgerschaft Calvis stets treu«, steht
über dem dunklen Loch des Tores,
durch das wir die Zitadelle betreten.
Schwitzend flüchten wir in den Schatten
einer der engen, verwinkelten Gassen,
die die Festungsstadt durchziehen. Sehr
sehenswert ist die Kathedrale »St.-Jean-
Baptiste« aus dem 13. Jh., die sich u.a.
mit einem prachtvoll verzierten Marmo-
raltar schmückt. Schlicht und von außen
nur durch einen kleinen Glockenturm zu
erkennen ist das »Oratoire St. Antoine« in
der gleichnamigen Straße. An den idyl-

*Ein gelb-weißes Fährschiff von
CORSICA FERRIES läuft Calvi an.*

lischen kleinen Platz wenige Schritte
weiter, auf dem sich tagsüber nur ein
paar Katzen tummeln, liegt das feine
Restaurant »Chez Tao«, von dessen bal-
konartiger kleiner Terrasse sich ein grandioser Blick hinab auf den Hafen und
hinüber zum 6 km langen Strand eröffnet. Der alte genuesische Gouverneurspalast ist nun die Kaserne »Sampiero
Corso«, in der ein Fallschirmjägerbatail-
lon der Fremdenlegion untergebracht
und ist. Betreten verboten!

Unser nächstes Ziel heißt *Forêt de
Bonifato* und liegt gut 20 km landeinwärts von Calvi. Fast wie eine Lande-
bahn ist die sehr breite neue Straße, die
hinaus zum Flughafen führt. Hiner dem
Airport wird sie schlagartig schmaler
und holpriger. Je weiter sie sich in das
geröllübersäte Tal des Bergbaches Figarella hinaufwindet, desto miserabler
und enger wird die Teerpiste. Sie endet
auf einem großen Terrassenparkplatz
(Übernachten mit dem Wohnmobil ver-

boten) an der un-
gemein reizvoll ge-
legenen »Auberge
de la Forêt«. Hinter
dem alten Forst-
haus bedeckt ei-
ner des schönsten
Wälder der Insel
die zackig aufra-
genden Gebirgs-
flanken. Hier begin-
nen gleich mehre-
re Wanderwege
durch die phanta-

Eseleien: Die halbwilden Grauohren findet man überall auf der Insel.

stisch ursprüngliche Berglandschaft.
Wer nicht per pedes diese einmalig
schöne wilde Bergnatur kennenlernen
will, kann an vielen aufgestauten Tümpeln im wildromantischen Bergbach
Figarella ein Bad nehmen.

Durch das Felsenchaos der »Balagne Désert«

Wenn man weiter Richtung Süden will,
muß erst eine Entscheidung getroffen
werden. Die neue, gut ausgebaute
Hauptverbindung nach Galéria biegt
bei dem Weiler Suare im Figarella-Tal
ab. Sie verläuft aber fern der Küste
durchs Landesinnere. Die alte, verwe-
gen in die Steilküste gesprengte Küstenstraße, so lesen wir, soll furchtbar
schmal und kurvenreich und in schlechtem Zustand sein. Doch das Abenteuer
lockt und so fahren wir zurück nach
Calvi. Und sollten unseren Entschluß
keinesfalls bereuen. Kaum haben wir
die Stadt hinter uns gelassen, führt eine

teils extrem steile, aber geteerte Straße
hinauf zur Kapelle »Notre Dame de la
Serra«. Erst passieren wir eine stinkende
Müllkippe, dann aber märchenhaft
skurril geformte Felsblöcke. Oben auf
dem Gipfel erwartet uns ein stiller Parkplatz, der sich hervorragend zum Übernachten eignet. Vor allem aber ein einmaliger Panoramablick über die tief unter uns liegende Zitadellenstadt und
den großartig geschwungenen Golf
von Calvi.

Die weitere Wegstrecke auf der
Küstenstraße ist tatsächlich extrem
kurvenreich und ohne Sicherung in die
fast senkrecht abfallenden Felsklippen
gehauen, daß dem Wagenlenker höchste Konzentration und der Beifahrerin
starke Nerven abverlangt werden. Aber
die Strecke ist von kolossaler Schönheit!
Immer wieder stoppen wir, um das faszi-
nierende Felsenchaos der zu Recht
»Balagne Désert« genannten Karst-
region zu genießen. Tief, schrecklich tief

unter uns das azurblau schimmernde Meer. Mit Baden ist hier allerdings nichts. Kein Weg führt hinunter zu den winzigen Sandbuchten, die sich hie und da in die Steilküste einschmiegen. Das atemberaubende Naturschauspiel steigert sich durch die rabenschwarzen Gewitterwolken, die sich über uns zusammenziehen und die markerschütternden Donnerschläge, die sich in den Felswänden brechen. Am *Bocca Serria* beim markant ins Meer hinausspringenden »Capo au Cavallo« ist das abenteuerlichste Stück Straße zu Ende. Sie verläßt die Küste und führt über eine menschenleere Hochebene. Kaum haben wir sie erreicht, bricht das Sommergewitter mit aller Wucht los. Böen wie Faustschläge

Gefräßig: die verwilderten Hausschweine. Schwarz-rosa gescheckt, sind sie meist sehr aufdringlich.

rütteln an unserem Mobil und der Regen fällt so stark und dicht, daß wir auch mit Licht kaum die Straße vor uns erkennen können. Gott sei gedankt, daß uns die entfesselten Elemente nicht auf der gefährlichen Küstenstraße erwischt haben. Nicht viel schneller als im Schritttempo fahren wir weiter und gelangen mitten in der Einsamkeit zu einer provisorisch zusammengezimmerten Bar. Kaum fünf Meter ist es vom Auto bis zum schützenden Dach, unter dem ein junges Paar hervorlacht. Doch sie reichen aus, um pudelnaß zu werden. Es schüttet, als ob im Himmel alle Dämme gebrochen seien.

Einsames Fischerdorf mit einsamem Traumstrand

So schnell es entstanden ist, so schnell ist es auch wieder verschwunden. Schon scheint die Sonne wieder und läßt die Landschaft um uns herum brünstig dampfen.

Zu welch einem reißenden Fluß sich der jetzt im Spätsommer fast zu einem Rinnsal geschrumpfte Fango sich entwickeln kann, zeigt das von riesigen Geröllbrocken übersäte breite Flußbett, das eine Brücke in fünf Bögen überspannt. Direkt hinter der Brücke biegen wir rechts in die Stichstraße nach *Galéria* ab. Nur wenige machen den kurzen Abstecher in das kleine Fischerdörfchen. Am Ortseingang liegt ein hübsch angelegter Terrassenparkplatz, der sich bis zum Meer hinunterzieht und auf dem wir ungestört Nachtquartier beziehen können. Beim nahen Dorf liegt ein zwar etwas mit Tang bedeckter, aber netter kleiner Sandstrand. Wer vom Parkplatz in entgegengesetzter Richtung marschiert, erreicht nach etwa 10 Min. das breite Tal des Fango. Ein Trampelpfad führt hinab zu dem völlig einsamen Superstrand, der sich über die ganze Breite des Tals erstreckt. Als besondere Zugabe hat der Strandwall in der trockenen Jahreszeit den Fango zu einem romantischen Süßwassersee aufgestaut.

Auch das *Fango-Tal* wird von den meisten, die die Westküste entlang fah-

Abenteuerlich: die Küstenstraße am Golf von Galéria. Hier bei Stelle, wo der Fango ins Mittelmeer mündet.

ren, achtlos links liegen gelassen. Das hat das das wilde Bergtal, das zu den schönsten Tälern Korsikas zählt, so wenig verdient wie das verträumte Galéria. Nach gut 10 km auf der holperigen D 351, die in das Tal hineinführt, ist hinter dem vergessenen Weiler *Bardiana* für Wohnmobile allerdings Schluß. Fahrzeuge mit mehr als 2 m Breite bekommen auf dem weiteren Weg massive Schwierigkeiten. Doch weiterfahren ist auch gar nicht notwendig. Romantische Badebecken für nahtloses Bräunen und eine Runde willkommene Abkühlung bietet der klare, kühle Bergbach auch unterhalb von Bardiana an zahlreichen Stellen. Und etwa 2 km vor dem Abzweig zum Dorf *Manso*, dort wo die Straße eine große Kurve macht, liegt auf der dem Fluß zugewandten Seite der Straße ein paradisisch zwischen großen Bäumen verstecker Naturparkplatz, an dem kein Schild etwas verbietet. Nur wenige Schritte sind es von dem schattigen Idyll über trockengefallene Kieselfelder und man steht gleich an mehren großen und kleinen Badetümpeln, in dem das kühle, aber glasklare Gebirgswasser zum köstlich erfrischenden Bad lädt.

Nichts für Nervenschwache

Die nun folgenden gut 40 km von Galéria bis in die Bucht von Porto gehören zu dem abenteuerlichsten und halsbrecherischsten, was die meist ohnehin verwegenen korsischen

Col de la Croix: Die Straße bis in die Bucht von Porto ist schmal und gefährlich - aber traumhaft schön.

ein ein Reisebus oder LKW entgegen, heißt es Nerven bewahren und vorsichtig über dem gähnenden Abgrund zu rangieren.

Andererseits ist die Strecke bis Porto aber auch mit das beeindruckendste Naturerlebnis auf der an Naturschönheiten überreich gesegneten Insel. Langsam und stets so weit wie möglich voraus nach Gegenverkehr Ausschau haltend, kriechen wir die unzähligen, oft sehr engen Kehren zum »Col de Palmarella« hinauf. Und doch übersehen wir einen Baulastwagen, der urplötzlich um eine enge Kurve kommt und nun wie ein bedrohliches Monster vor uns steht. Doch irgendwie schieben wir uns tastend aneinander vorbei und nach für alle Beteiligten anstrengendster Klettertour haben wir den 408 m hohen *Col de Palmarella* erreicht. Wie alle, die hier unterwegs sind, legen wir auf dem großen Parkplatz eine verdiente Verschnaufpause ein. Klein wie ein Puppenstubendorf liegt tief unter uns an der Küste der ansonsten völlig unbesiedelten, und unter strengem Naturschutz stehenden Halbinsel *Scandola* das winzige *Girolata*. Die nur aus ein paar Häuschen bestehende Fischersiedlung ist die einzige Dorf auf ganz Korsika, das keine Straßenverbindung hat. Es ist nur zu Fuß oder mit dem Schiff zu erreichen. Wer unternehmungslustig genug ist, kann den ausgeschilderten, 4-stündigen Wanderweg

Straßenverhältnisse zu bieten haben. Die Überquerung des »Col de la Croix« hat schon so manchen weniger erfahrenen Piloten an den Rand der Verzweiflung gebracht. Denn die Gebirgsstrecke, für die es keinerlei Alternative gibt, ist ein geradezu tollkühn in den kahlen Fels gemeißeltes straßenbauerisches Meisterstück. Angesichts der halsbrecherischen Streckenführung ist es wenig verwunderlich, daß die Straße nicht einen Zentimeter breiter als unbedingt notwendig ist. Schon bei der Begegnung zweier PKW wird es ordentlich eng. Kommt dem Wohnmobilisten hier

Nur zu Fuß oder per Schiff zu erreichen: Girolata, das Fischerdorf auf der Halbinsel Scandola.

hinabsteigen, der an der Paßhöhe beginnt. Wenigstens in den Sommermonaten wird sie in Girolata aber keine weltabgeschiedene Idylle erwarten, sondern reichlich Besuchertrubel. Denn vom nahen Porto und andern Hafenorten starten dann mehrfach täglich Ausflugsschiffe zu dem himmlisch gelegenen Fischernest und in das so einmalige wie eindrucksvolle Naturreservat Scandola. Wir begnügen uns mit dem Blick über die Felsenwüstenei der Halbinsel, die noch Wanderfalken, Fischadler und andere, vom Aussterben bedrohte Tierarten Lebensraum bietet.

Wer glaubt, mit dem Erreichen des »Col de Palmarella« straßentechnisch das Gröbste hinter sich zu haben, sieht sich gründlich getäuscht. Denn die Gebirgsstraße schwingt sich auf der anderen Seite noch kühner und atemberaubender, aber auch noch gefährlicher zum Golf von Porto hinab. Höchste Umsicht und Aufmerksamkeit ist geboten! Den 4 km langen Abstecher die teils extrem steile, mit engsten Haarnadelkurven versehene Stichstraße vom »Col de la Croix« hinab zur *Plage de Gradelle* muß man nicht unbedingt unternehmen. Unten angekommen, erwart Sie ein zwar abgelegener Kiesstrand mit Strandbar, aber auch nicht mehr. Stellplatzmöglichkeiten gibt es keine und der terrassierte Campingplatz liegt derart steil am Hang, daß er für dicke Wohnmobile nicht eben der geeignetste ist.

Ganz anders sieht es eine Bucht weiter aus. Am Ortsausgang des kleinen

Bergdorfs Partinello führt eine zwar auch kurvige, aber weniger lange und steile Stichstraße hinunter zur *Plage de Caspio*. Und dort wartet nicht nur ein von bizarren roten Felsen eingerahmter Kiesstrand mit malerischem Genuesenturm, sondern auch die einsame, stillromantische Strandbar »U Caspiu«. Nach Partinello steigert sich die Küstenstraße zu ihrem absoluten

Hierzulande undenkbar, in Korsika alltäglich: Ziegenherden auf der Straße.

Höhepunkt. Hier steigt das Gebirge mehrere hundert Meter praktisch senkrecht aus dem Meer. Auf halber Höhe zieht sich ein ungesicherter kleiner Absatz entlang – die Straße. Wie kleine Spielzeuge sehen die Autos auf, die sich im Schrittempo und mit viel Gehupe durch die gewaltige Felswand bewegen. Mit ebenfalls viel Gehupe und vollster Anspannung tasten wir uns um die uneinsehbaren scharfen Kurven herum. Dann haben wir es geschafft. Vor uns öffnet sich die berühmte, sagenhaft schöne Bucht von Porto.

In der Bucht von Girolata: Hektik gibt es nur, wenn der Touristendampfer anlegt.

*Von steilen Felswänden umschlossen:
der Golf von Porto, eine der ganz
großen Touristenattraktionen Korsikas.*

Der Golf von Porto

Der *Golf de Porto* ist nicht nur einer der schönsten Naturräume Korsikas, sondern eine der wunderbarsten Regionen am Mittelmeer. Um diesen grandios wilden, unberührten Küstenstrich mit seinen weltberühmten roten Felsen vor Zerstörung zu bewahren, wurde der gesamte Golf von Porto einschließlich Scandola und der bizarren Felsengärten »Les Calanche« von der UNESCO zum Welterbe der Menschheit erklärt und in den »Parc Naturel Régional de la Corse« eingegliedert. Die Küste bei Porto ist die einzige Stelle, an der der korsische Naturpark, der etwa ein Drittel der gesamten Insel umfaßt, die Küste berührt.

Langsam rollen wir in die Bucht hinab, die zweifellos der landschaftliche Höhepunkt an Korsikas 1.000 km langer Küste ist. *Porto* ist zweigeteilt. Die erste, gegenüber dem Supermarkt abzweigende Stichstraße führt in den kleinen Ort, der praktisch vollständig aus Hotels, Restaurants und anderen touristischen Einrichtungen besteht. Das Wohnmobil sollte man am besten auf dem breiten Parkstreifen am Ortseingang abstellen. Obwohl Porto ausschließlich vom Tourismus lebt und dafür erbaut wurde, ist sein Ortsbild angenehm und harmonisch.

Die Straße hinab zum Hafen und Strand, zur *Marine de Porto*, zweigt am Ortsausgang auf der südlichen Buchtseite von der Hauptstraße ab. In dem wunderbaren, lichten Eukalyptuswäldchen direkt hinter dem sehr breiten, kiesigen Strand, das früher als wilder

Das Wahrzeichen von Porto ist der genuesische Wachturm. An seinem Fuß befinden sich kleinere Hotels.

Campingplatz diente, ist Campen und Übernachten heute verboten. Doch die Gemeinde hat etwas taleinwärts einen ebenso schön gelegenen »Camping Communale« angelegt, der sowohl der preiswerteste als auch der strandnächste Portos ist. Wir fahren den staubigen Sandweg hinein und stehen vor einer verschlossenen Schranke. Also fahren wir erst einmal vor zum Strand, wo sich ein neben den Strandbars ein großer, unbefestigter Parkplatz ausdehnt. »Wenn der Camping geschlossen ist, können Sie hier stehen bleiben«, meint die Wirtin, bei der wir uns erkundigen. In der Sommersaison ist das keinesfalls möglich, da kontrolliert die Polizei täglich und verhängt bei Mißachtung auch Geldstrafen. Aber jetzt, Ende September, hat hier niemand etwas dagegen, was an dem Dutzend weiterer Wohnmobile, die nach und nach ankommen, zu sehen ist. Mit einer Flasche Wein unterm Arm spazieren wir zum Strand, um den legendären Sonnenuntergang über der Bucht zu erleben, der, wie sein landschaftlicher Rahmen, der eindrucksvollste ist, den man auf Korsika erleben kann.

Korsikas höchster Straßenpaß

Über der Bucht und in den anderen Wohnmobilen herrscht noch absolute Ruh, als wir mit dem ersten Tageslicht leise vom Platz rollen. Vor uns liegt ein Ausflug auf das »Dach Korsikas«. Genauer gesagt, auf den höchsten Paß der Insel, den 1.477 m hohen »Col de Vergio«. Schon die Anfahrt ist ein monumentales Erlebnis, aber für die Maschine des Mobils auch eine mächtige Anstrengung. Vom Meeresspiegel windet sich die phantastisch kurvenreiche Straße durch die *Gorges de Spelunca*, eine atemberaubend zerklüftete und enge, vom Por-

Evisa liegt in rund 800 Meter Höhe und bietet einen schönen Ausblick über das Hinterland von Porto.

Fahrerisch anspruchsvoll: die 20 km lange Strecke von Porto nach Evisa oberhalb der Spelunca-Schlucht.

to gähnend tief in das Granitgebirge eingeschnittene Schlucht.

Wir winden uns auf der Straße Meter und Meter durch die unvergessliche Felsenkulisse der Spelunca-Schlucht nach *Evisa* hinauf. Das einladend hübsche, in 830 m Höhe auf einer Felsterrasse zwischen Kastanienbäumen gelegene Bergdorf erwacht gerade zum Leben, als wir ankommen. Die umwerfende Aussicht auf die ringsum aufragenden Gebirgszinnen und die klare, frische Bergluft saugen wir in einer der Bars bei Kaffe und frischen Croissants in uns auf. Hinter Evisa treten die Laubbäume zurück und beginnt der *Forêt d'Aitone*, ein herrlicher, harzig duftender Hochgebirgswald aus riesigen Schwarzkiefern.

Ein schmaler Parkstreifen und ein kleiner, hölzerner Wegweiser zeigen den Trampelpfad an, der von der Straße hinunter zu den *Cascades d'Aitone* führt. Nach zehnminütigem Abstieg sind die Wasserfälle erreicht.

Wenige Kilometer weiter bietet bei der Feriensiedlung »Paisola Aitone« ein großer Waldparkplatz eine tolle Übernachtungsmöglichkeit. Im Sommer unterhält die Naturparkverwaltung hier im »Foyer du Ski« eine Informationsstelle, bei der man sich über die zahlreichen Spazier- und Wandermöglichkeiten und Flora und Fauna der Gebirgsregion unterrichten kann. Im Winter tummeln sich hier die Freunde des Wintersports. Jetzt im September ist alles verwaist und still. 8 km weiter ist dann die Paßhöhe des *Col de Vergio* erreicht. Wir sind der höchsten Stelle Korsikas, die mit dem Auto zu erreichen ist. Ein überdimensionale Madonnenstatue und eine einsame Bretterbude, in der Mutter und Tochter korsische Produkte, Getränke und Snacks feilbieten; mehr hat der Mensch der Bergwelt nicht hinzugefügt. Die beiden Frauen haben sich tief in dicke Daunenjacken gehüllt. Denn hier auf dem Dack von Korsika ist es bereits empfindlich kühl. Auch wir holen zum ersten Mal auf unserer Reise die Jacken hervor, um für ein Stündchen durch die wundersam stille Bergwelt zu spazieren. Nach Osten reicht der Blick endlos weit bis hinunter zum Golf von Porto. Nach Westen öffnet sich vor uns die majestätisch vom höchsten Berg Korsikas, dem 2.706 m hohen *Monte Cinto*, überragte Hochebene des Niolo.

Jetzt noch lange fahren wollen und brauchen wir auch nicht. Denn auf der Strecke vom Col de Vergio zum Forsthaus haben wir bei dem einsam stehenden Berghotel »Castel de Vergio« eine riesenhafte, ebene Fläche entdeckt und auf einem unübersehbaren Schild »Parking Gratuit Caravans Camping Cars« gelesen. Ein offizieller, kostenloser alpiner Stellplatz mit Restaurant. Was will man als müder Reisemobilist mehr, um glücklich zu sein?

Die Madonna auf dem Col de Vergio markiert den mit 1464 m höchsten Paß in Korsikas Bergwelt. Hier findet sich sogar ein Skilift.

Hauptroute
Reisemobilplatz
Stellplatz
Campingplatz
Museum
Sehenswürdigkeit
5 km
l'Ile-Rousse
Monticello
Corbara
Algajola
Marine de St. Ambroggio
Pigna
St. Antonino
Belgo
Golfe de Calvi
Lumio
Cateri
Calvi
Spelonca
N.D. de la Serra
Feliceto
Zilia
Capo a u Cavallo
Calenzana
Bocca Serria
Argentella
Forêt de Bonifato
Parc
Fontaine de Bonifato
Naturel
Haut-Asco
Galéria
Fango
Monte Cinto
2710
Manso
Régional
Girolata
Calasima
La Scandola
Golfe de Girolata
Alberta
Col de la Croix
Osani
Partinello
Popaghja
Col de Vergio
Vergio
Forêt de Valdo-Niello
Plage de Gradelle
Plage de Caspio
Plage de Bussaglia
Forêt d'Aitone
Porto
Golfe de Porto
Evisa
Gorges de Spelunca
les Calanche
Cristinacce
Capo d'Orto
1294
Piana
Soccia
Plage d'Arone
Vico
197

Strecke

Calvi – Forêt de Bonifato (22 km) –
Notre Dame de la Serra (28 km) –
Galéria (36 km) – Fango-Tal (17 km) –
Col de Palmarella (22 km) – Plage de
Caspio (25 km) – Porto (15 km) –
Evisa (22 km) – Col de Vergio (12 km)
– Forsthaus Popaghia (11 km)

Streckenlänge

Calvi – Porto ca. 160 km
Calvi – Porto – Col de Vergio ca.
200 km

Straßenbeschaffenheit

Strecke von Calvi zum Forêt de
Bonifato erst sehr breit und gut, ab
Suare zunehmend schmaler und holprig, doch problemlos. Küstenstraße
von Calvi nach Galéria bis Bocca
Serria erst gut, dann immer schlechter, schmaler und durchweg extrem
kurvenreich, aber landschaftlich
phantastisch. Straße ins Fangotal gut.
**Achtung! Die Strecke von Galéria
über Col de Palmarella und Col
de la Croix bis Porto ist eine der
gefährlichsten und abenteuerlichsten auf Korsika.**
Auf der extrem kurvigen und
schmalen, ungesichert in die senkrecht abfallende Steilküste geschla-
genen Straße kann jede Unaufmerk-
samkeit tödlich sein. Von Porto durch
die Spelunca-Schlucht zum Col de
Vergio breit und gut, aber ebenfalls
sehr kurvig.

Information

Calvi / *Office de Tourisme*
Port de Plaisance (am Jachthafen)
Tel. 04 95 65 16 67, Fax 04 95 65 14 09

Porto / *Office de Tourisme*
La Marine (am Ende der Hauptstr.)
Tel. 04 95 26 10 55, Fax 04 95 26 14 25

Campingplätze

Calvi / *Camping La Clé des
Champes*
an der Str. nach Pietramaggiore
Tel./Fax 04 95 65 00 86
April – Okt.
1 km außerhalb vom Zentrum Calvis
gelegenes intim kleines (35 Plätze),
von Bäumen beschattetes Gelände
mit gepflegten Sanitäranlagen;
500 m zum Strand.

Argentella / ***Camping
La Morsettaan der Baie de Crovani*
Tel. 04 95 65 25 24, Fax 04 95 65 25 29
15. Mai – 30. Sept.
mittelgroßer, sehr gut ausgestatteter
ebener Platz mit lichtem Baumbestand direkt am breiten, feinkiesigen
Strand. Mit Restaurant, Waschmaschinen, Geldwechsel, versch. Sportmöglichkeiten, Bootsausflüge nach
Porto/Girolata, Disco u.a.

Galéria / *Ideal Camping*
am Ortseingang vor Brücke links
Tel. 04 95 62 01 46
April – Sept.
stilles, mittelgroßes, schattiges Gelände mit einfacher Ausstattung. Mit Snackbar, Waschmaschine, Geldwechsel. Wenige Min. zum kleinen Badestrand.

Osani / **Camping E Gradelle*
Plage de Gradelle
Tel./Fax 04 95 27 32 01
1. Juni – 30. Sept.
kleinerer, ausreichend ausgestatteter Terrassenplatz am steilen Hang, für große Wohnmobile deshalb nur bedingt geeignet. Mit Restaurant, Geldwechsel. 350 m zum kleinen Kiesstrand. Anfahrt: 4, 5 km von Osani teils extrem steile Stichstraße mit mehreren Haarnadelkurven zur Küste hinab.

Serriera / ***Camping Bussaglia*
Plage de Bussaglia
Tel. 04 95 26 15 72
April – Sept.
sehr großer, topfebener, ordentlich ausgestatteter Platz mit vereinzelten Eukalyptusbäumen im breiten Bachtal unmittelbar am schönen, von roten Felsen eingerahmtem Kiesstrand. Bei langer Trockenheit staubig. Mit Restaurant, Geldwechsel. Anfahrt: 2 km gute Stichstraße.

Porto / *Camping Muncipial*
im Tal des Porto
Tel. 04 95 26 17 76
20. Juni – 10. Sept.
sehr großer, topfebener, einfach ausgestatteter Platz mit Eukalyptusbäumen im Portotal. Der strandnächste Camping von Porto, bei Trockenheit staubig. Nur Kaltduschen. Ein bißchen wie offizielles Wildcampen. Anfahrt: auf Südseite der Bucht kurze Stichstraße zum Strand/Hafen hinab, dann Sandpiste rechts (links gehts zum Strand).

Evisa / *Camping L'Acciola*
Tel. 04 95 26 23 01
1. Juni – 30. Sept.
kleinerer, einfach ausgestatteter Platz in herrlicher Höhenlage. Ideal als Basislager für Wanderungen durch die Spelunca-Schlucht und den wunderbaren Bergwald von Aitone zu den Cascades d'Aitone und zum Col der Vergio oder anderen Gipfeln. Mit Restaurant, Waschmaschinen, Geldwechsel.

Stellplätze

Calvi / *Stadt*
an der Einfallstraße beim Jachthafen riesiger, unbefestigter, schattenloser Parkplatz zw. Straße und Strand. Direkt gegenüber Supermärkte, ideal zum Einkaufen und Stadtbesichtigung. Eine Baumreihe und die Schmalspurbahngleise trennen ihm vom Sandstrand, der sich kilomterweit hinzieht.

Calvi / *Feriendorf »Zum störrischen Esel«*

auf dem schönen Gelände des deutschen Dorfes stehen einige wenige Womo-Stellplätze zur Verfügung, aber nur wochenweise mit Vollpension. Ideal für die Wohnmobilisten, die eine geruhsame Badewoche verbringen wollen. Teilnahme an Exkursionen möglich. Info/Anmeldung Reisebüro Rhomberg, Tel. (0043) (0)55 72 - 22 42 00, Fax 22 42 09.

Forêt de Bonifato

großer Terrassenparkplatz am Ende der Straße bei der Auberge de Bonifato. Ideal für Ausflüge in den Bergwald. Wohnmobile nur bis 21 Uhr erlaubt. Eine Übernachtungsmöglichkeit bietet am Taleingang ein großer unbefestigter Platz vor steiler Felswand.

Notre Dame de la Serra

unbefestiger PP zwischen Felsen und Kiefernwäldchen bei der einsamen Wallfahrtskirche. Vom Kirchlein phantastische Aussicht über Calvi und den Golf. Nachts sehr still. Anfahrt: 4 km nach Calvi von der Straße nach Galéria an Müllkippe links kurze, aber teils extrem steile Stichstraße zur Kirche.

Galéria

1 km vor dem Dorf großer PP, der sich am Hang in Terrassen von der Straße bis zum felsigen Ufer hinunterzieht. Von den oberen Terrassen schöner Blick in die Bucht. 10 Fußmin. entfernt an der Fangomündung toller, völlig einsamer Sandstrand.

Fangotal

ca. 1 km nach Abzweig nach Tuarelli links ein idyllischer, stiller Waldparkplatz. Wenige Schritte entfernt bietet der Fango wunderhübsche Badetümpel mit winzigen Kies- und Sandsträndchen.

Plage de Caspio

großer ebener Parkplatz neben der Strandbar »U Caspiu« in wunderschöner, einsamer Bucht mit Badestrand, Genuesenturm und roten Klippen. Wer hier übernachten will, bitte den freundlichen Barbetreiber um Erlaubnis fragen und in seiner romantischen Bar beim Pastis oder Wein den Sonnenuntergang erleben. Super!

Forêt d'Aitone / *Paisola Aitone*

ca. 8 km vor Paßhöhe links großer, ebener PP unter riesigen Kiefern am Forsthaus/Feriendorf Aitone. Im Sommer im »Maison du Ski« die Infostelle der Naturparkverwaltung. Herrliches Plätzchen, ideal für Spaziergänge und Wanderungen.

Col de Vergio

großer PP auf der Paßhöhe. Herrlicher Ausblick über die alpine Bergwelt, aber der Wind pfeift über den ungeschützen Scheitelpunkt. Am PP Bretterbude, die Snacks, Getränke und korsische Produkte verkauft.

INFO DER WESTEN

Hotel Castel de Vergio

hinter dem alleinliegenden Berghotel riesige, ebene Wiesenfläche, auf
der ein Schild »Camping gratuit/
Camping cars« zeigt, daß hier das
Übernachten mit dem Wohnmobil
offiziell erlaubt ist. Im Hotel Restaurant
und Einkaufsmöglichkeit.

Gastronomie

Calvi / *U San Carlu*
Place Saint-Charles
beschaulich romantischer Restaurant-
garten nur wenige Schritte abseits des
Trubels der Hafenpromenade mit
guten und preiswerten Speisen.

Forêt de Bonifato / *Auberge de Bonifato*
einsam im herrlichen Bergwald gelegene Herberge mit wunderschöner
Terrasse, in der die reizende alte Besitzerin Korschisches auftischt.

Ota / *Chez Felix*
kleine Herberge mit Restaurant im
Bergdorf Ota mit preiswerter, sehr
guter korsischer Küche. Von der Terrasse prachtvoller Ausblick hinab auf
die Bucht von Porto.

Sehenswert

Calvi / *Zitadelle*
eine der gewaltigsten und eindrucksvollsten Zitadellen auf Korsika mit der
Kathedrale Saint-Jean-Baptiste (15.
Jh.) und Oratorium Saint-Antoine.

Forêt de Bonifato
eines der größten und schönsten
Waldgebiete Korsikas. Vom PP an der
Auberge de Bonifato zahlreiche
Wandermöglichkeiten im gewalti-
gen, wilden Gebirgskessel Cirque de
Bonifato.

Notre Dame de la Serra
Wallfahrtskapelle in wunderschöner
Berglandschaft mit bizarren Tafoni-
felsen und Traumblick auf den Golf
von Calvi.

Fangotal
wildromantisches, kaum besiedeltes
Flußtal mit zahlreichen reizvollen Badebecken. Besonders toll: etwa 400 m
nach Tuarelli kann man von 8 m hohem Fels in ein tiefes Bassin springen.

La Scandola / *Girolata*
900 ha große, unter strengem Naturschutz stehende Halbinsel Scandola;
schroffe Wildnis mit eindrucksvollen
Porphyrfelsen, Fischadlern u.a. Nur zu
Fuß oder mit dem Schiff erreichbar,
ebenso das winzige Fischerdorf Girolata, dem einzigen Dorf Korsikas ohne Straßenanbindung.

Golf von Porto
einmalig wilde, abemberaubend
schöne, 11 km tief ins Land drängen-
de Meeresbucht, die von gewaltigen
roten Felsklippen und Bergmassiven
begrenzt ist. Wegen ihrer außeror-
dentlichen Schönheit und Unberührtheit von der UNESCO zum Welterbe
erklärt und Teil des korsischen Natur-

parks. Unbedingt einen Sonnenuntergang erleben!

Gorges de Spelunca

ein landschaftliches Juwel. Enge und tiefe, wild zerrissene Schlucht zwischen schroffen Gebirgsmassiven von phantastischer Schönheit. Am besten zu Fuß durchwandern!

Forêt / *Cascades d'Aitone*

2.500 ha großer, wunderbarer Bergwald mit gewaltigen, bis zu 200 Jahre alten Schwarzkiefern. Mittendrin die malerischen Wasserfälle »Cascades d'Aitone mit tollen Badebecken und Picknickplätzen.

Col de Vergio

mit 1.477 m höchster Straßenpaß Korsikas, von kahlen, bis über 2.000 m hohen Gebirgsgipfeln umgeben. Tolle Fernsicht in das Hochland des Niolo und Wandermöglichkeiten.

Feste

Calvi / *Rencontre de Chants Polyphoniques*

Mitte Sept.
mehrtägiges Gesangsfestival, auf dem die Bruderschaften aus den Bulagnedörfern auf den Plätzen der Zitadellenstadt traditionelle korsische polyphone Lieder aufführen. Unvergesslich schön!

Calvi / *Festival du Vent*

Ende Okt.
einwöchiges, buntes Fest, bei dem am Strand von Calvi Drachen in allen Formen und Farben und alles, was sonst noch im Wind flattert oder fliegt, den Himmel beherrschen.

Unternehmung

Schiffsausflug ins Naturreservat La Scandola

Die Halbinsel La Scandola zwischen dem Golf von Galéria und dem Golf von Porto ist bis auf das winzige Fischerdorf Girolata völlig unbesiedelt und wegelos. Nur ein paar Trampelpfade durchziehen das wilde Bergmassiv, in dem noch Fischadler ihr letztes Rückzugsgebiet auf Korsika haben. Besonders artenreich ist auch das Meer um Scandola. Die gesamte Halbinsel wie auch das Meer um die Halbinsel stehen unter strengem Naturschutz. Jegliches Campen, Biwakieren, Feuermachen, Fischen über oder unter Wasser ist verboten! Wer die wilde Unberührtheit von Scandola kennenlernen will, kann dies mit einem der Ausflugsschiffe tun, die in der Saison täglich von Calvi, Porto, Cargèse oder Sagone starten. Am empfehlenswertesten und preiswertesten ist die Fahrt von Porto aus. Besonders schön, aber auch teurer, ist eine Fahrt mit den Schiffen »Scandola« und »Seascope«. Sie haben verglaste Böden, durch die man die Unterwasserflora und -fauna vor Scandola beobachten kann.

DER SÜD-WESTEN

Von Porto über Ajaccio nach Propriano

Durch die märchenhaften Felsengärten der Calanche zur »Griechin« Cargèse. Aufregender Besuch bei Napoleon in der quirligen Hauptstadt Ajaccio. Bei Mme. Casabianca in der Traumbucht »Plage de Cupabia« und bei den Steinzeit-Menhiren von Filitosa.

Nach einem Ruhetag mit Baden und Faulenzen in der Bucht von Porto ist für unsere Weiterfahrt entlang der Westküste Richtung Süden erneut ein früher Aufbruch angezeigt. Denn so herausfordernd wie die abenteuerliche Küstenstraße nach Porto ist, so tollkühn ist auch ihr weiterer Verlauf. Dazu führt sie von Porto hinauf zu den einzigartigen roten Felsengärten von »Les Calanche«, die zu den meistbesuchtesten Naturphänomenen Korsikas zählen. Das heißt, auf der folgenden, so schmalen wie schwierigen Strecke ist ab dem späten Vormittag mit vielen Reisebussen zu rechnen. Obwohl wir zwischzeitlich mit den korsischen Straßenverhältnissen gut vertraut sind und uns diesbezüglich so schnell nichts mehr schrecken kann, wollen wir doch die Busse besser umgehen. Dies nicht nur, weil die extrem schmale Steilküstenstraße nach Piana an so mancher Stelle nicht viel breiter als ein Omnibus ist, sondern auch, weil wir die Märchengärten mit ihren bizarrer Felsskulpturen erleben wollen, ohne durch die Besatzungen der zahlreichen Sightseeing-Busse dabei gestört zu werden.

Bizarre Felsformationen sind das Wahrzeichen der Calanche, der Felslandschaft am Golf von Porto.

Phantastische Felsskulpturen mit Verkehrschaos

Noch einmal blicken wir in die wunderschöne Bucht von Porto und auf ihren Genuesenturm hinab, als wir uns mit unserem treu ergebenen Mutterschiff in vielen Schleifen und Wendungen die Steilküste hinaufwinden. Nach wenigen Kilometern ist der einzig größere Parkplatz von *Les Calanche* erreicht. Angesichts seiner sehr überschaubaren Größe sind wir heilfroh, daß wir vor der Busflotte hier sind. Später am Tage sind hier Parkprobleme garantiert. Denn die wenigen weiteren »Parkbuchten« an der schweißtreibend engen Gebirgsstraße sind keine Parkbuchten, sondern unbedingt freizuhaltende Ausweichstellen bei Gegenverkehr! Da diese raren Gelegenheiten von Unwissenden und Ignoranten immer wieder zugeparkt werden, bricht im Sommer der Verkehr in der Calanche manchmal völlig zusammen.

Bevor man auf den verschiedenen Trampelpfaden durch den zauberhaften Skulpturengarten der purpurroten, von Sonne, Wind und Regen zu phantastischen Figuren und skurrilen Formen modellierten Felsen geht, noch ein Hinweis. Gaunergestalten wissen, daß die faszinierten Besucher stundenlang durch diese Märchenwelt stromern. So haben sich in der

Fotogen: Nirgendwo auf Korsika gibt es so schöne Sonnenuntergänge wie in der Calanche.

Calanche die Diebstähle gehäuft. Also Vorsicht! Unser Mobil ist noch heil und unversehrt, als wir vom Rundgang zurückkehren. Schon kündigen sich mit ihren gewaltigen, in den senkrechten Felswänden widerhallenden Signalhörnern die ersten Ausflugsbusse an.

Wir sitzen bereits im Straßencafé gegenüber der hübschen Dorfkirche von *Piana*, als der Treck in die Calanche richtig losgeht. Das anmutige Bergdorf bietet einen einmalig schönen Ausblick über das rote Felsenlabyrinth der Calanche und auf die Küste. Wer plant, auch mal eine Nacht ins Hotel zu gehen, der sollte sich das altehrwürdige, 1912 eröffnete Hotel »Les Roches Rouges« in Piana dafür aussuchen. Schöner kann man nicht logieren! Hinter der Kirche von Piana führt eine 12 km lange steile, aber gut ausgebaute Stichstraße hinunter zum auch in der Hochsaison angenehm wenig besuchten, wunderhübschen *Plage d'Arone*. Unten erwar-

tet einen ein großer, baumbeschatteter Parkplatz, ein Restaurant und ein exzellenter Sandstrand. übernachten ist allerdings nur auf dem etwas landeinwärts gelegenen Camping möglich.

Zurück auf der D 81, verläßt die Hauptstraße die Küste und klettert über die »Bocca di San Martino« hinab in die Ebene der Flüsse »Lomberlaccio« und »Chiuni«. Kurz bevor die Straße die Ebene verläßt und hinauf zum »Col de Torraccia« führt, biegt eine gut ausgebaute Teerstraße zur *Plage de Chiuni* ab. Das vordere, schönste Stück des herrlichen, kilometerlangen Sandstrandes hat sich der Club Méditerranée reserviert. Doch fährt man an ihm vorbei, kommt man zu einer riesigen, fast wüstenhaft anmutenden Sandebene hinter dem sanft geschwungenen Strand, die für alle da ist. Ein wunderbarer Stell-

und Badeplatz mit türkis schillerndem Wasser. Vorsicht aber mit dem schweren Wohnmobil. Die sandige Fläche ist an vielen Stellen tiefgründig. Deshalb vorher den Untergrund prüfen, bevor Sie hineinfahren. Laut Auskunft des Restaurantbesitzers hinter dem Strand ist es außerhalb der Sommermonate Juli und August kein Problem, hier auch zu übernachten.

Ein Stück Griechenland auf Korsika

Etwas problematisch gestaltet sich die Parkplatzsuche in *Cargèse*. Zweimal fahren wir erfolglos durch das kleine Städtchen, um dann doch am Ortsein-gang auf dem Platz des Supermarktes zu parkieren. »La Greque«, »Die Griechin« nennt man auf Korsika das sehr romantisch auf einer ins Meer hinausragenden Felsnase liegende Cargèse. Griechisch muten die weißgetünchten, auffallend häufig mit blauen Fensterläden geschmückten Häuschen nicht nur an, sondern Cargèse ist tatsächlich eine waschechte »Griechin«. Es wurde erst 1744 von griechischen Emigranten gegründet. Unübersehbar manifestieren sich seine historischen Wurzeln in der sehr sehenswerten »Église Greque«, die sich nach griechisch-orthodoxer Manier innen mit prachtvollen Ikonen und Fresken überladen ist.

Vorbei an den Badebuchten »Plage de Ménasina« und »Plage de Stagnoli«

Cargèse, bekannt durch seine griechisch-orthodoxe Kirche.

führt die Straße hart an der Küste entlang nach *Sagone*. Über die ganze Breite der Meeresbucht »Port de Sagone« erstreckt sich ein schneeweißes breites Sandband. So verlockend schön sein Strand ist, so wenig einladend ist das Bild des Ortes. Sagone besteht aus wenig schönen, ja häßlichen Hotelbauten, die sich links und der schnurgeraden Durchgangsstraße aufreihen. Ein gesichtloser Ort ohne jedes Flair, der nicht zum Bleiben animiert.

So fällt es uns auch nicht schwer, einen Abstecher ins Landesinnere nach Vico zu machen. Erst führt die D 70 breit und grade durch das ausgedehnte, ebenfalls wenig ansprechende Tal des Flusses Sagone. Dann klettert sie bergan und erreicht nach rund 13 km das Dorf *Vico*. Unser Ziel ist jedoch nicht Vico selbst, sondern das von ihm durch einen tiefen Taleinschnitt getrennten »Couvent St. Francois«. Eine gut 1 km lange einspurige Straße führt zu dem überaus fotogen auf einer Felsnase am Talhang liegenden kleinen Franziskanerkloster hinab. Die Kehre hinein zum von riesigen alten Platanen beschatteten Platz vor der Klosterkirche ist so spitz, daß wir mehrfach zurückstoßen müssen. Doch dann sind wir drin und besichtigen die stille Kirche, die sich mit teils sagenhaft schön kitschigen Marien- und anderen Bildern schmückt. Wir sind und bleiben die einzigen Besucher. Uns gegenüber liegt das kleine Bergdörfchen Vico, aus dem helles Lachen und Kreischen spielender Kinder herüberklingt. Die Stimmung hier ist so freundlich und friedlich, daß wir länger als geplant verweilen.

Die Bucht von Liscia gehört zu den gefragtesten Sandstränden im Südwesten.

Schließlich kommt einer der sechs Mönche, die noch hier wohnen, mit einem bedenklich klapprigen Renault angescheppert. Auf unsere Frage, ob es wohl möglich wäre, unter den weitausladenden Baumkronen vor dem Kloster die Nacht zu verbringen, beantwortet er ohne zu Zögern mit Ja. Und so verbringen wir mit seinem Segen im Schutze des Klosters eine der stillsten Nächte unserer Reise.

Zurück an der Küste, tuckern wir am langen Sandband der *Plage de Liamone* südlich von Sagone entlang. Die

Nicht billig, aber gut: Stellplätze, direkt am Strand vom Golf de la Liscia.

Für uns und unser Reisemobil wird es mal wieder höchste Zeit für eine gründliche Reinigung. So steuern wir den Campingplatz direkt am prächtigen Strand vom *Golfe de la Liscia* an. Der ist zwar nicht der billigste, doch er hat dafür spezielle Wohnmobil-Stellplätze, die jeweils über eine offene Überdachung verfügen. So ver-, entsorgen wir schnell und machen noch kurz Hausputz. Dann ab unter die Dusche. Frisch und vergnügt spazieren wir kurz darauf am tollen Strand entlang zu der an seinem Nordende gelegegenen Pizzeria. Auf der leicht über den Strand erhobenen Terrasse können wir beim Tafeln die ganze romantische Bucht überblicken, über der nun schnell die Dämmerung hereinbricht.

Straße verläuft unmittelbar über dem Strand, daß man direkt aus dem Fenster in den weichen, warmen, weißen Sand hüpfen könnte. Links und rechts der Straße bieten sich zahlreiche Parkmöglichkeiten.

Blaue Stunde: Dämmerung über dem Golf.

Guter Stellplatz am Jachthafen von Ajaccio.

Ein kleiner, großer General gibt sich die Ehre

Am nächsten Morgen setzen wir zum großen Sprung an. Ohne weiteren Aufenthalt fahren wir auf der sehr gut ausgebauten Straße über den »Col de San Bastiano« nach *Ajaccio*. Die korsische Hauptstadt empfängt uns mit einem veritablen Verkehrsgetümmel. Bloß nicht von der mehrspurigen Uferstraße abkommen und in eine der engen Altstadtgassen hineingeraten ist die erste Devise. Doch fast eine Stunde kreisen wir, ohne eine einzige Parklücke für unser Langschiff zu finden. Schließlich riskieren wir es doch und fahren in eine Nebenstraße hinein. Und bleiben prompt stecken. In schweißtreibender Millimeterarbeit zwängen wir uns durch die beidseitig wild durcheinanderparkenden Autos. Irgendwie kommen wir schließlich gestreßt, aber ohne Schramme durch. Auf dem großen Parkplatz des Jachthafen finden wir dann auch die ersehnte Lücke. Ein Tip: am besten, geschütztesten und einfachsten parken Sie auf dem gebührenpflichtigen Parkplatz am »Gare Maritime« unmittelbar am Rande der Altstadt. Wir hatten den günstig gelegenen und sicheren Platz irgendwie übersehen und spazieren nun vom Jachthafen durch die Parkanlagen zum historischen Zentrum der korsischen Kapitale.

»Ville Napoleon« wäre für Ajaccio der passendere Name. Denn wohin man in der Stadt auch kommt und tritt, der große kleine Korse wartet schon auf einen. Das monumentalste Produkt der Napoleonverehrung steht auf der »Place d'Austerlitz« etwas außerhalb des Zentrums. Schnurgerade führt die breite »Av. Géneral Leclerc« auf die mächtige Rampe zu, an deren Ende sich der welt-

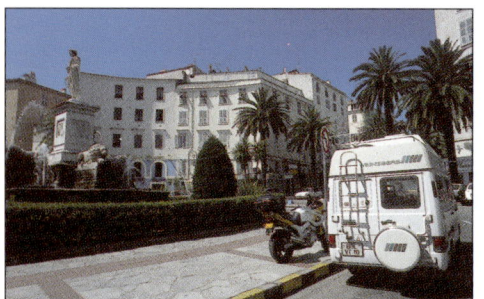

Unübersehbar: Ajaccio ist der Geburtsort Napoleons. Der Große Korse ist allgegenwärtig.

berühmte Korse sich als Monumentalstandbild über die Stadt erhebt. Das »Maison Bonaparte« in der Rue St. Charles, in dem er am 15. 8. 1769 geboren wurde, ist natürlich Museum. Getauft wurde er nur wenige Schritte weiter im weißen Marmortaufbecken der imposanten Kuppel der üppig ausgeschmückten Kathedrale »Notre Dame de la Misericorde«.

Der Urlaubsort *Porticcio* südlich von Ajaccio besitzt zwar einen schönen Badestrand, entpuppt sich aber als als ein trubeliges Vergnügungszentrum für die Hauptstädter ohne Platz für Wohnmobilisten. Auch die nur einige Kilometer südlich davon liegende *Plage d'Agosta* lockt zwar mit einem wunderbaren Sandstrand, ist aber ebenso wie die anschließende Halbinsel »Isoletta« von den Sommersitzen und Villen der reichen Ajaccianer voll in Beschlag genommen. Das Bild ändert sich bis zur *Plage de Portiglolio* an der »Pointe di a Castagna« kaum. Die Strände sind wunderschön, aber nur für Badestops ge-

eignet. Erst hinter Portiglolio hört der feine Villenzauber auf. Die Straße wird schlechter und schmaler und vor allem verläßt sie die Küste. Endlos windet sich die fürchterlich kurvenreiche Straße steil bergauf und berab. Zwar eröffnen sich von den Höhen bezaubernde Ausblicke über das von einem Genuesenturm bekrönte »Capo di Muro« und die Küste. Die aber besteht, so weit das Auge reicht, aus schroff zerklüfteten, wegelosen Felsenklippen ohne jede Badebucht, die so gar nicht unser Bild von dem einsamen Südseeidyll erfüllen, von dem wir träumen.

Ajaccio, Place Maréchal-Foch: Napoleon als Erster Konsul in Römer-Toga auf dem Löwen-Brunnen.

Eine zauberhafte Strandbucht

Als wir die Hoffnung fast aufgegeben haben, biegt plötzlich rechts eine erstaunlich gute und breite Straße Richtung Küste ab. Voller Hoffnung brausen wir das kleine Bachtal hinab und stehen an seinem Ende vor dem Tor eines Campingplatzes, vor dem sich zwischen malerischen roten Felsen in sanfter Krümmung ein blendendweißer Sandstrand in die kleine Bucht schmiegt. Um es vorweg zu nehmen. Die *Baie de Cupabia* ist eine der schönsten und stillsten Strandbuchten, die wir auf Korsika kennengelernt haben. So weit das Auge reicht, ist kein Ort, kein Dorf, kein Haus zu sehen. Ein Idyll wie aus dem Bilderbuch, ein verstecktes kleines Paradies. Und der wunderbare Naturcampingplatz »A Cala di Cupabia« liegt unmittelbar hinter dem breiten, feinsandigen Strandwall, vor dem sanft das kristallen, in allen Blautönen schimmernde Meer rauscht. Dazu ist die Betreiberin Frau Casabianca nicht nur eine freundliche und hilfsbereite Madame, sondern auch Besitzerin des Weinguts »Domaine U Stiliccione«. Ihren selbstgekelterten Rebensaft kredenzt sie in der gemütlichen Bar des Platzes. Schließlich liegt die Traumbucht von Cupabia auch noch günstig, um von ihr interessante Ausflüge zu den prähistorischen Stätten von Filitosa, ins Küstenstädtchen Propriano oder in den korsischsten aller Inselorte, die Bergstadt Sartène zu machen.

In der Nachsaison stehen nur noch ein paar vereinzelte Zelte und Wohn-

Bilderbuch-Idylle: Baie de Cupabia, der blendendweiße Sandstrand in der Nähe von Propriano.

mobile auf dem weiten Wiesenplatz und wir haben die Traumbucht praktisch für uns allein.

Nach erholsamsten Tagen brechen wir zu einem Ausflug auf. Er führt uns erst in das kleine Küstendorf *Porto Pollo*, das allerdings nicht viel zu bieten hat. Dann aber landeinwärts in das breite Tal des Flusses Taravo nach *Filitosa*, der bedeutendsten ärchäologischen Fundstätte Korsikas.

Irgendwann heißt es immer Abschied nehmen. Nicht ohne wenigstens noch unsere Vorratskammer mit »U Stiliccione«-Wein aufzufüllen, verabschieden wir uns schweren Herzens von der Familie Casabianca und ihrem zauberhaften Strandidyll.

Durch das breite Tal des Taravo, an dessen Mündung sich die *Olmeto Plage*, ein kilometerlanger Sandstrand erstreckt und im Sommer ein Bauer seine weitläufige Weide unterhalb des »Tour de Micalona« gegen preiswerte rund 10 DM pro Nacht und Wohnmobil offen

5000 Jahre alte Menhirstatuen: Filitosa ist die bedeutendste prähistorische Fundstätte auf Korsika.

hält, führt die Straße an der Küste des »Golf de Valinco« in die kleine Hafenstadt *Propriano*. Das bescheiden beschauliche Städtchen, eine genuesische Gründung aus dem 17. Jh., ist einen kleinen Bummel wert. Zahlreiche Läden und Geschäfte bieten gute Einkaufsmöglichkeiten, Bars und Cafés an der Uferpromenade mit Blick auf Jacht- und Fischerhafen laden zur Erfrischungspause.

Tolle Stellplätze und herrliche Ausblicke

Die schönste Seite Proprianos für Wohnmobilisten ist aber der wunderbare, endlos lange und breite Dünenstrand

mit sommerlicher Süßwasserlagune an der Mündung des Flusses Rizzanèse. Um zur völlig unverbauten, tollen *Plage de Capu Laurosu* zu gelangen, an dem sich zahlreiche Stellmöglichkeiten bieten, fährt man ganz durch Propriano durch. Am kleinen Fährhafen links abbiegen und dem Schild »Hotel Arena Bianca« folgen. Am Hotel vorbei weiter bis zum Strand.

Ebenso schön und noch einsamer, weil mit dem Auto nicht direkt zu erreichen, ist die *Plage de Portiglio* jenseits der Rizzanèsemündung. Um dorthin zu gelangen, fährt man aus Propriano hinaus Richtung Bonifacio. Gleich nach der Brücke über den Fluß rechts Richtung Flughafen abbiegen und am Flughafen vorbeifahren. Zum Strand vor

Heller Stand, ruhige Lage: Der Strand von Propriano bietet auch während der Hochsaison noch ruhige Fleckchen.

führen nur wenige Sandwege, Stellplätze bieten sich keine.

Am Ende der gut 15 km langen D 121 verspricht nicht nur der Name *Belvédère-Campomoro* gute Aussicht, sondern auch der Genuesenturm auf der Spitze des Felskaps »Pointe de Campomoro«. Neugierig fahren wir die schmale, aber überwiegend gute, über mehrere Bergkuppen sich schlängelnde Stichstraße hinaus. Und der Weg hält was er verspricht. Gleich mehrfach bieten sich von Aussichtspunkten überwältigend schöne Aussichten über den Golf von Valinco und die ungemein malerische Küstenlinie. Den Höhepunkt an Über-, Rund- und Fernblick aber bietet sich von der Terrasse des Restaurants

Propriano, der Hauptort am Golf von Valinco. In dieser Gegend finden sich zahlreiche prähistorische Fundstätten - und tolle Bademöglichkeiten.

»L'Omu«, das in einer scharfen Linkskurve genau dort liegt, wo das Sträßlein beginnt, sich in intime Strandbucht von Belvédère-Campomoro hinabzuwinden. Die Fahrt endet am Ortsausgang des kleinen Dorfes. Wir quartieren uns auf dem reizvoll gelegenen, angenehm ruhigen Terrassencamping »La Vallée« knorrigen Olivenbäumen ein, der am Hang über dem Dorf liegt. Wir suchen uns eine Terrassenstufe aus, von der wir die malerische Bucht überblicken können. Nachahmung empfohlen!

Strecke

Porto – Piana (11 km) – Plage d'Arone (11 km) – Cargèse (21 km) – Sagone (13 km) – Vico (13 km) – Golfe de la Liscia (23 km) – Ajaccio (32 km) – Iles Sanguinaires (12 km) – Porticcio (30 km) – Plagede Cupabia (33 km) – Filitosa (17 km) – Propriano (17 km) – Belvédère de Campomoro (18 km)

Steckenlänge

Porto – Ajaccio ca. 125 km
Porto – Ajaccio – Propriano ca. 240 km

Straßenbeschaffenheit

Die Strecke von Porto durch die Felswelt der Calanche bis Piana ist extrem kurvig und eng. Verschärft wird die schwierige Passage durch zahlreiche Reisebusse. Im Sommer gibt es immer wieder Chaos und Kollpas. Deshalb möglichst früh morgens fahren oder in der Mittagspause. Stichstraße von Piana zur Plage d'Arone kurvig und teils steil, aber gut ausgebaut. Von Piana bis Cargèse kurvig, aber problemlos. Ab Sagone bis Ajaccio breit und sehr gut. Nach Vico breit und gut. Kurze Stichstraße zum Kloster sehr schmal. Von Ajaccio bis Acqua Doria steil bergauf und bergab, aber breit und gut. Dann immer schmaler, schlechter und kurviger. Stichstraße zur Plage de Cupabia breit und gut. Nach Filitosa und

Propriano ebenfalls problemlos. Von Propriano bis Belvédère-Campomoro schmal, teils holprig und sehr kurvig.

Information

Cargèse / *Office de Tourisme*
Rue du Docteur Dragacci
Tel. 04 95 26 41 31, Fax 04 95 26 48 80

Ajaccio / *Office de Tourisme*
Place Foch
Tel. 04 95 51 53 03, Fax 04 95 51 53 01

Propriano / *Office de Tourisme*
Port de Plaisance (am Jachthafen)
Tel. 04 95 76 01 49, Fax 04 95 76 00 65

Campingplätze

Piana / *Camping Plage d'Arone
am Plage d'Arone
Tel. 04 95 20 64 54
1. Juni – 30. Sept.
mittelgroßer, baumbestandener, ordentlich ausgestatteter Platz
5 Gehmin. vom wunderbaren feinen, auch im Sommer nicht überlaufenen Sandstrand. Anfahrt: von Piana 11 km kurvig auf guter Straße bergab.

Cargèse / ***Camping Torracia*
4 km nördl. von Cargèse
Tel. 04 95 26 42 39, Fax 04 95 20 40 21
15. Mai – 30. Sept.
einziger Camping um Cargèse.
Sehr gut ausgestatteter, mittelgroßer, terrassierter Platz in Hanglage mit Bü-

schen und Bäumen über dem 10 Fußmin. entfernten, kilometerlangen, sehr schönen Sandstrand von Pero. Mit Restaurant, Supermarkt, Mofa-, Fahrradverleih, zahlr. Sportmöglichkeiten u.a.

Vico / ***Camping La Sposata*
am Col Saint-Antoine
Tel. 04 95 26 61 55
1. Mai – 31. Sept.
1 km vor Vico an D 70 nach Evisa. Großer, einfach ausgestatteter Platz, teils sonnige Wiese, teils terrassierte Hanglage mit Bäumen.
Mit Restaurant.

Tiuccia / **Camping La Marina*
am Golf de la Liscia
Tel. 04 95 52 21 84, Fax 04 95 52 30 76
15. April – 15. Okt.
großer, ebener, passabel ausgestatteter Platz mit lichtem Baumbestand direkt am kilometerlangen schönen Sandstrand. Extra Wohnmobil-Stellplätze mit Überdachungen. Relativ teuer.

Ajaccio / **Camping Barbicaja*
Route des Sanguinaires
Tel. 04 95 01 17
5 km westl. von Ajaccio an der Straße zu den Iles Sanguinaires. Mittelgroßer, terrassierter Platz in Hanglage, 5 Fußmin. von kleinem Sandstrand.

Tassinca / *Camping A Cala di Cupabia*
Plage de Cupabia
Tel. 04 95 74 04 38, Fax 04 95 74 05 20
1. Mai – 1. Okt.
einfacher, ebener Platz mit vereinzeltem Baumbestand. Wunderschön einsam in der Bucht direkt am schönen, von malerischen Felsen umgebenen Sandstrand gelegen. Sehr freundlicher Familienbetrieb mit stromaggregatbetriebener Bar/Restaurant, in dem eigener Wein ausgeschenkt wird und 2 lustigen Schafen. Einer unserer Lieblingsplätze auf Korsika, ein kleines Paradies!

Propriano / **Camping la Vallée*
in Belvédère-Campomoro
Tel. 95 74 21 20
1. Mai – 30. Sept.
großer, einfach ausgestatter, terrassierter, baumbestandener Hangplatz in idyllischer Lage. Von den oberen Terrassen herrlicher Blick auf die winzige Strandbucht. 3 Fußmin. zum Badestrand. Anfahrt: von Propriano Richt. Sartène, nach Rizzanèsebrücke, rechts Richt. Flughafen, dann 11 km Kurvensträßlein.

Stellplätze

Piana / *Plage d'Arone*
großer Wiesenparkplatz mit schattigen Bäumen neben Strandrestau-
rant am wunderschönen Sandstrand. In der Saison Übernachten
verboten.

Plage de Chiuni
ausgedehnte, sandige Ebene direkt
am sehr schönen Sandstrand im hin-
teren Teil der Bucht (vorn Club Medi-
terranée) mit Restaurant. Vorsicht vor
lockeren Sandstellen! Im Juli/Aug.
übernachten verboten, sonst wird es
toleriert.

Vico / *Couvent St. Francois*
kleiner, ebener Parkplatz mit alten Platanen direkt vor der Klosterkirche. Still
und friedlich und herrlicher Blick auf
Vico. Wer übernachten will, bitte vorher die Mönche um Erlaubnis fragen.

Sagone / *Plage de Liamone*
4 km südl. von Sagone zahlreiche
Parkplätze am kilomterlangen, tollen
Sandstrand. Eher zum Baden als zum
Übernachten geeignet.

Ajaccio / *Route de Sanguinaires*
ca. 5 km nach Ortsende Ajaccio
hübsche Stellplätze zwischen Büschen und Felsen am kleinen Sandstrand. Nachts jedoch wegen naher
Disco nicht leise.

Porto Pollo / *Olmeto Plage*
an der Taravomündung unterhalb
des Tour de Micalona große ebene
Wiese nahe Strand, auf der man in
der Saison für ca. 10 DM/Nacht stehen kann.

Propriano / *Jacht-/Fährhafen*
unbefestigter, großer, ebener PP
direkt am Jachthafen . Befestiger,
leicht schläger PP direkt am Fährhafen.

Propriano / *Plage de Campu
Laurosu*
zahlreiche Stellmöglichkeiten am
wunderschönen langen Sandstrand
an der Mündung des Rizzanèse.
Anfahrt: am Fährhafen von der Avenue Napoléon links (Schild Hotel
»Arena Bianca«) in Straße »Chemin
des Plages« an Hotel vorbei bis Ende.

Gastronomie

Piana / *Les Roches Rouges*
Restaurant im repräsentativen Spei-
sesaal des nostalgisch-charmanten
Grandhotels aus der Belle Epoque.
Wunderschöne Terrasse mit hin-
reißendem Blick auf die Calanche
und das Meer.

Ajaccio / *Da Mamma*
Passage Guinghetta
verstecktes, intimes Restaurant in
einer Gasse zw. Rue C. Fesch und
Cours Napoléon mit winziger Terrasse
und guter Küche, besonders Fisch.

Belvédère-Campomoro / *L'Omu*
einmalig schöne Alleinlage über der
malerischen Bucht von Campomoro.
Der unglaublich schöne Ausblick von
der Terrasse hinab in die Bucht ist
allein den Besuch wert.

Sehenswert

Les Calanche
phantastische Felsengärten, in denen die Witterung und Erosion bizarre
und skurrile Formen und Skulpturen
aus dem roten Stein modelliert hat.
Überwältigender Blick auf den Golf
von Porto. Mit die herausragende
Sehenswürdigkeit Korsikas. Zum Fotografieren am besten nachmittags,
wenn die Sonne die roten Felsen ent-
flammt.

Piana
reizendes Bergdörfchen mit phanta-
stischem Blick auf die roten Felsen
der Calanche.

Cargèse
malerisch auf einer Felsnase gelegenes Städtlein mit griechischem Flair,
orthodoxe Église Grecque mit
prächtigen Ikonen.

Ajaccio / *Altstadt*
pulsierende korsische Hauptstadt mit
kleiner Zitadelle, Kathedrale aus dem
16. Jh. und zahlreichen Napoleon-
Sehenswürdigkeiten (s. Museen).

Tour de la Parata / *Iles Sanguinaires*
Landvorsprung mit Genuesenturm,
von dem man einen herrlichen Blick
auf die vorgelagerten roten Felsen
der Inselgruppe »Iles Sanguinaires«
hat.

Site préhistorique de Filitosa
tägl. 8.30 bis 1 Std vor Sonnenuntergang
bedeutendste archäologische Fundstätte auf Korsika mit zahlreichen
Menhistatuen aus der steinzeitlichen
Megalithkultur und bronzezeitlicher
Siedlung mit Zentralmonument aus
der bronzezeitlichen Torreanerkultur;
mit kleinem Museum.

Museen

Ajaccio / *Musée Fesch*
Rue du Cardinal Fesch
15. Juni – 15. Sept. Di – Sa 10 – 12.30
und 15 – 19 Uhr,
Juli/Aug. Fr auch 21 – 24 Uhr, sonst
9.30 – 12 und 14 – 19 Uhr
umfangreiche, bedeutende Sammlung ital. Renaissancebilder des Kar-
dinals Fesch.

Ajaccio / *Musée Napoléonien*
Place Maréchal Foch (im Rathaus)
Mo – Fr 9 – 12 und 14 – 17.30 Uhr
großer Saal mit Portraits von Napoleon und seiner Familie und Napo-
leon-Totenmaske.

Ajaccio / *Maison Bonaparte*
Rue Saint-Charles
Mai – Sept. tägl. 9 – 12 und 14 – 18 Uhr,
Okt. – April 10 – 12 und 14 – 17 Uhr
(So.nachmittag und Mo.morgen ge-
schlossen)
Geburtshaus von Napoleon Bona-
parte.

Ajaccio / *Musée du Capitellu*
Boulevard Danielle Casanova
(an der Zitadelle)
15. März – 15. Okt. tägl. 10 – 12 und
14 – 18 Uhr (So.nachmittag und
Mo.morgen geschlossen)
privates geschichtliches Museum,
das mit zahlreichen Gegenständen
die Geschichte Ajaccios erläutert.

Ajaccio / *Musée A Bandera*
Rue Général Levie
Juli – Sept. Mo – Sa 10 – 12 und
15 – 19 Uhr, Okt. – Juni tägl. 9 – 12
und 14 – 18 Uhr
Geschichte Korsikas von der Urzeit
bis heute.

Feste

Ajaccio / *Les Estivales d'Ajaccio*
Mitte Juli – Anfang Aug.
korsisches Musik- und Tanzfestival
mit Aufführungen an verschiedenen
Stätten.

Ajaccio / *Geburtstag Napoleons*
13. – 15. Aug.
dreitätige Feierlichkeiten zum
Geburtstag Napoleons, bei denen
die Hauptstädter am 15. zu Mariä
Himmelfahrt gleichzeitig ihre
»Madonnuccia Assoption« ehren.

Unternehmung

In die Berge zu Sampiero Corso
Etwa 40 km nordöstlich von Ajaccio
liegt in 784 m Höhe an den Hängen
des »Monte Renoso« inmitten ausgedehnter Kastanienwälder in stiller
Bergeinsamkeit das kleine Dorf Bastelica, in dem der korsische Patriot und
Unabhängigkeitskämpfer Sampiero
Corso 1498 das Licht der Welt erblick-
te. Obwohl die an Menschen und
Material weit überlegenen genuesi-
schenBesatzerversuchten, Sampiero
zu töten, gelang es ihnen nicht, den
Volkshelden auszuschalten. Er fiel am
17. 6. 1562 der Blutrache zum Opfer.
Nach Bastelica führen zwei Wege.
Der einfachere, weil besser ausgebaute, ist die D 27, die sich von Cauro
auf der Südseite des Prunelli-Tals hinaufschlängelt. Landschaftlich noch
schöner, aber schmaler und kurvenreicher ist die D 3, die über Basteli-
caccia durch die »Gorges de Prunelli
« am Nordhang des Tales über dem
Stausee von Tolla hinaufführt.

DER SÜDEN

Von Propriano nach Bonifacio bis Porto-Vecchio

Sartène, die stolze Korsin und einsame Kultplätze der Megalithiker. Ein gewaltiger Felslöwe mit Bilderbuch-Badebucht. Durch verbrannte Steinöde nach Bonifacio, der schönsten aller Städte.
Von der zauberhaften »Baie de Rondinara« in Guiseppes Wohnmobilparadies.

DER SÜDEN

Nächster Höhepunkt der Reise rund um die Insel ist Sartène, die korsischste aller korsischen Städte. Doch bevor wir in die alte Bergstadt hinauffahren, wollen wir noch zwei besondere Sehenswürdigkeiten der Insel besuchen. 5 km vor Sartène biegt die D 69 in das breite Tal des Rizzanèse ab. Nach kurzer, etwa 2 km langer Fahrt ist das erste Ziel erreicht. In hohem grazilem Bogen überspannt der *Spin 'a Cavallu* den Fluß. Der »Pferderücken« ist die schönste der zahlreichen uralten Genuesenbrücken Korsikas. Wie meisterhaft die damaligen Brückenbauer waren, zeigt sich an dem verheerenden Unwettern vom Herbst '93 und '94, bei denen reißende Bergbäche und Flüsse zahlreiche moderne Brücken verwüsteten. Der jahrhundertealte »Pferderücken« wurde vom tobenden Fluß zwar beschädigt, hielt aber Stand. Die einladenden Picknickanlagen jedoch, die an der fotogenen Brücke angelegt wurden, hat der Rizzanèse mit Sand und Geröll zugedeckt.

Wonnen und düstere Spektakel

Ist die Genueserbrücke etwas fürs Auge und die Fotolinse, so ist die rund 6 km von der Brücke entfernte *Source de Caldane* etwas fürs körperliche Wohlbefinden. An der Straßengabelung rechts Richtung Levie, nach 3 km rechts über die schmale Brücke, auf der anderen Seite links und schon stehen wir am romantisch von Weinlaub zuwachsenen Eingang zu der heißen Quelle. Für 20 Franc (Kind 10) kann man zwischen 8

Spin 'a Cavallu, der »Pferderücken«: die schönste aller von den Genuesen erbauten Brücken.

und 20.30 Uhr in dem niedlichen kleinen Freiluftbecken in der Wiese im fast 40 Grad warmen Wasser entspannen und den Teint pflegen. Nach dem wohl- tuenden Bad lädt die idyllische alte Wassermühle am Eingang, nun Bar und Restaurant, zum Verweilen in wunderbar stiller Natur. Nur eines kann man leider nicht: mit dem Wohnmobil auf der ein- ladenden Wiese gegenüber übernach- ten. Meister Heilquelle lehnt das un- mißverständlich ab.

Bevor man die mittelalterliche Alt- stadt von Sartène, die wie ein struppiges Rabennest auf dem »Monte Rosso« thront, betritt, gilt es erst das Problem Parkplatz zu lösen. Denn daran herrscht in der überaus sehenswerten Bergstadt großer Mangel. Besonders für große Mo- bile. Fahren Sie deshalb gleich am Orts- eingang rechts über die Brücke den ex- trem steilen Anstieg Richtung Bonifacio

hinauf. Oben dann gleich wieder links. An der in die Unterstadt hinabführen- den Straße werden wir fündig. Dazu bie- tet sich von hier aus der mit Abstand schönste Blick auf die gegenüberlie- gende Altstadt. Dorthin sind es zu Fuß nur wenige Minuten.

Alles Leben spielt sich im historischen Zentrum auf der »Place de la Libéra- tion« ab. Hier sitzen die Alten auf den Bänken und in den Bars, spielen die Männer Boule und die Kinder Fußball. Begrenzt wird dieser anziehende Mittel- punkt vom alten genuesischen Gouver- neurssitz und der »Église Sainte-Marie«. Neben dem Haupteingang hängen die schweren, rostigen Eisenketten und das eisenbeschlagene Kreuz an der Wand, die jährlich einmal für das gespenstisch düstere Spektakel »U Catenacciu« abgenommen werden. Man glaubt sich in die dunkle Epoche der Inquisition zurückversetzt, wenn man das in der Karfreitagnacht stattfindende uralte Ritual erlebt, das übersetzt »der Büßer« heißt. Mit klirrenden Eisenketten an den Füßen und das drückend schwere Kreuz auf dem Rücken tritt eine in ein blutrotes Gewand gehüllte, unkenntliche Gestalt aus der Kirche und schleppt sich durch die von flackernden Licht von Fackeln und Kerzen beleuchteten Gassen. Ihm folgt eine Prozession, die die Luft mit schaurigen, in den Gassen widerhallenden Klagegesängen erfüllt. Niemand außer dem Pfarrer weiß, wer der »Büßer« unter dem roten Gewand ist. Es ist eine Person, die schwere Schuld auf sich geladen und das Gelübde abgelegt hat, dafür mit dem schweren Gang zu büßen.

Unweit der Stadt liegen die neben Filitosa bedeutendsten vorgeschichtlichen Fundplätze Korsikas. Kurz hinter

Alignements de Palaggiu: An dieser Stelle finden sich insgesamt 258 prähistorische Menhire.

dem Ortsausgang Richtung Bonifacio biegt links die D 48 zur Küste ab. Die anfänglich gut ausgebaute, aber immer schmaler und schlechter werdende Nebenstraße führt zu den sehenswertesten Stätten, die die Megalithiker hinterlassen haben.

Ein gewaltiger Löwe wacht über der Badebucht

Steil schraubt sich die Straße nach Bonifacio zum »Roccapina« hinauf. Auf der Paßhöhe erwartet uns nicht nur eine phantastische Sicht über die schroffe Steilküste am *Golfe de Roccapina*, sondern auch die »Oasis du Lion«. Das einladende, kleine Gasthaus hat seinen Namen vom *Rocher du Lion*, dem wie ein gigantischer liegender Löwe aussehendem Felsgebilde auf dem schmalen Felsgrat des »Cap de Roccapina«. Kurz nach dem Aussichtspunkt führt neben der »Auberge Coralli« eine kurvenreiche Schotterpiste hinab in die Bucht zu Füßen des Löwen, in die sich ein anmutiger Sandstrand einschmiegt. Für Wohnmobilisten ist aber die Fahrt am »Camping Muncipial« knapp 1 km vor dem Strand zu Ende. Eine Wohnmobilsperre verhindert die Weiterfahrt zum Strandparkplatz. Dennoch ist die staubige Abfahrt zu empfehlen. Denn die Badebucht ist von erlesener Schönheit und ist deshalb ein geschütztes Naturreservat. (Einschränkungen beachten!)

Nach dem *Cap de Roccapina* ändert sich die Küstenlandschaft schlagartig. Vor uns öffnet sich eine äußerst

Hoch über dem Golf de Roccapina wacht der Rocher du Lion.

karge, steinübersäte Hügellandschaft, die sich in zahlreichen flachen, nur von struppiger Macchia bewachsenen Felszungen ins Meer hinausschiebt. Zwischen den trostlos wirkenden Landvorsprüngen haben sich winzige Badebuchten gebildet, zu denen unbefestigte Fahrspuren hinausführen. Doch mit dem Wohnmobil sind sie allesamt nicht erreichbar. Jede Zufahrt ist mit einer Wohnmobilschranke verbarrikadiert. Dazu warnt ein großes Hinweisschild, daß hier das Übernachten mit dem Wohnmobil verboten ist.

Zuflucht bei Henri

Wir finden ein hübsches und erlaubtes Plätzchen für die Nacht. Nachdem wir auf der Suche danach erfolglos im Rundkurs die nördliche *Baie de Figari* bei Pianottoli-Caldarello abgefahren und allüberall nur Schilder »Womo von 20 – 7

Uhr verboten« gesehen haben, versuchen wir es auf der Südseite der seichten Meeresbucht. Gleich nach der Brücke weist ein Schild rechts ab in ein schmales Teerstäßlein zum Restaurant »Cormoran« am Südufer der Bucht. Neben der rumpeligen Uferbar »Chez Henri« erstreckt sich direkt am Wasser eine kleine ebene Wiese, die sich ideal für die Nacht anbietet. Wir nehmen bei Henri einen Pastis und holen uns bei dem alten gemächlichen Knaben mit dem verschmitzten, wettergegerbten Gesicht, der die Bar betreibt, die Erlaubnis ein, für die Nacht hier zu stehen. Die *Plage di Tonnara*, die wir am nächsten Morgen erkunden, besitzt zwar einen schönen Badestrand und zwei Restaurants, ist aber für Wohnmobile kein Ziel, weil hier schon das Parken für Womos verboten ist. Kurz nach dem *Bocca d'Arbia* biegt rechts ein sehr schmales Sträßlein ab, das an einer

Feriensiedlung vorbei hinauf in der sagenhafte Felsenchaos des »Capo di Feno« führt. An seinem Ende liegt ein großer, naturbelassener und deshalb leicht abfallender Parkplatz, der sich bestens für eine Übernachtung anbietet. Ein Verbotsschild ist nirgends zu sehen. Der Abstecher lohnt sich aber auch, wenn man nicht übernachten will. Denn am Parkplatz liegt inmitten der kolossalen Felsenwelt die völlig einsame *Ermitage de la Trinité*. Zu der Einsiedelei mit Wallfahrtskapelle führt jährlich am 8. September vom 7 km entfernten Bonifacio eine große Prozession hinauf.

Zu Besuch bei Korsikas Königin

Bonifacio ist ein städtebauliches wie naturräumliches Kleinod, dem man die Zeit widmen sollte, die ihm gebührt. Ideales Quartier ist der Camping »Araguina« am Ortseingang, von dem es nur ein kurzer Spaziergang bis zum Hafen ist. Wer nur kurz bleiben will, sollte möglichst gleich auf dem großen Parkplatz (im Sommer gebührenpflichtig) am Jachthafen parken. Vor diesem Platz fahren auch die Touristenzüglein hinauf zur Zitadellenstadt ab.

Bonifacio gilt als die Königin unter Korsikas Städten. Die Festungsstadt thront auf gut 60 m hohen Kreideklippen.

Wir quartieren uns auf dem Camping ein und spazieren kurz darauf die von zahllosen Bars und Restaurants gesäumte Promenade am Hafen entlang. Die Ehrfurcht einflößend gewaltige Zitadelle, die auf dem Kreidecliff hoch über den Hafen wacht, ist am Morgen perfekt für Fotos von der Sonne angeleuchtet. Nach einem stärkenden Kaffee in einer der Bars am Kai nehmen wir mutig die »Montée de Rastello«, die steile, endlos lange Treppe in Angriff, die zur Zitadellenstadt hinaufführt. Keuchend erreichen wir die Kapelle »Saint-Roch«, von der sich der erste grandiose Blick auf die Kreideklippen öffnet, die sich wie eine gewaltige Mauer bis zum Horizont erstreckt. Hier sieht man auch, daß die Felsen nicht senkrecht abfallen, sondern von der Brandung bereits stark unterspült sind und die hart an der Abbruchkante klebenden Häuser praktisch schon frei in der Luft hängen. Noch einmal geht es aufwärts, bevor man über eine Zugbrücke vor der »Porte des Gênes« steht, die durch die wuchtigen Wehrmauern Einlaß in die Zitadellenstadt gewährt. Obwohl eher klein von der Fläche, weil der überwiegende Teil des Felsplateaus von Miltäreinrichtungen belegt ist, durchstreifen wir stundenlang die engen Gassenschluchten der Altstadt, in die kaum ein Sonnenstrahl dringt.

Der schönste Platz der Oberstadt ist die kleine, romantische »Place du Marché«, die sich wie eine Kaiserloge an der Südostecke der Festungsmauer Richtung Meer öffnet. Der kleine, hübsch angelegte Platz mit seinen zwei

Vom Kai aus führt eine steile Treppe zum alten Stadttor. Die Kapelle Saint-Roch liegt auf halbem Weg.

Cafés und Sitzbänken bietet den schönsten Panoramablick auf die *Falaises*, die turmhoch aufragende weiß glänzende Kreidewand, die sich bis zum Leuchtturm auf dem »Capo Pertusato« hinzieht. Am allerschönsten ist der Blick aber von dem winzigen, kaum zwei Personen fassenden Minibalkon, zu dem vom Platz eine kleine Holztreppe hochführt. Denn von ihm kann man nicht nur die Kreideklippen sehen, sondern tief unten auch den berühmten »Grain de

Wild-romantisch: Korsikas Südspitze.

Sable«, das »Sandkorn«, ein gewaltiger, tief unterspülter Kreidemonolith, der auf fast allen Bonifacio-Postkarten abgebildet ist.

Badefreuden mit Polizeikontrollen

Zur südlichsten Spitze Korsikas, dem mit dem Leuchtturm bekrönten *Capo Pertusato*, führt ein schmales Sträßlein hinaus, an dem sich unterwegs am Wegesrand schöne Stellplätze anbieten. Daß hier freies Stehen geduldet wird, zeigen die Wohnmobile, die hier stehen.

Gleich drei Badestrände, die »Plage de Piantarella«, die »Plage de Calalonga« und die »Plage de Maora et de Santa Manza« sind zwischen dem Capo Pertustato und dem »Golf de Santa Manza« auf kleinen Nebenstraßen direkt mit dem Auto erreichbar.

Wir entscheiden uns für die *Plage de Santa Manza* am Gestade der tief eingeschnittenen Meeresbucht. Auf der Fahrt hinaus bis zu einer sehr reizvoll gelegenen Bar, vor der das Sträßlein auf einem großen unbefestigen Parkplatz endet, bieten sich eine Fülle wunderschöne Stellplätze direkt am Strand. Doch nur zum Baden. Denn auch hier gilt: für Wohnmobile von 23 bis 7 Uhr verboten! Die Polizei kontrolliert.

So fahren wir nach einer ausgiebigen Badepause mit anschließendem Strandpicknick zurück zur Hauptstraße. Wie eine Flugzeuglandebahn zieht sich die schnurgerade N 198 glatt und breit bis Porto-Vecchio. Nach der endlosen

Sollte man sich nicht entgehen lassen: die Bootsfahrt zur Sdragonato-Grotte.

Kurverei auf den schmalen Berg- und Küstenstraßen an der Westküste ist es für Fahrer und Mobil wie eine Befreiung. Flott schnurrt unser Camper durch die flimmernde Mittagshitze.

Auf einen Tip eines Wohnmobilkollegen biegen wir etwa 1 km nach dem »Col de Parmentine« am Schild »Hôtel Capu Biancu« rechts ab und fahren die teils geteerte, teils staubige Schotterpiste Richtung Küste hinaus. Nach etwa 3 km Rüttelfahrt erreichen wir eine Gabelung, an der wir links fahren (rechts geht's zum Hotel Capu Rossu). Die Piste wird noch enger miserabler. Doch nach

Bonifacio bei Nacht: Die Zitadelle unterstreicht die Bedeutung der Stadt.

knapp 1 km haben wir es hinter uns und stehen an einer sagenhaft schönen, von weißen Kalkfelsen eingerahmten »Südseebucht«, an der wir unter schattigen Kiefern direkt am Strand Quartier beziehen.

Nicht minder schön ist die *Baie du Rondinara*, zu der kurz vor dem Weiler Chiova d'Asino über Suartone eine erst geteerte, dann unbefestige Nebenstraße D 158 führt. Wie eine gestrandete Mondsichel liegt der Bilderbuchstrand im Halbrund der abgelegenen Bucht. Nur wenige Schritte vom stillen Strandidyll entfernt liegt ein großer, verwaister Parkplatz (im Sommer gebührenpflichtig) mit schattenspendenden Bäumen und Büschen. Außer uns ist nur ein italie-

nisches Wohnmobil und eine Herde Kühe anwesend, die gemächlich widerkäuend im Schatten döst. Außerhalb der Saison ist dies ein supertoller Stellplatz, in der Hochsaison bietet der etwas landeinwärts gelegene Camping seine Dienste an.

Im Wohnmobil-Himmel am schönsten Strand Korsikas

Noch einmal verbringen wir hier einen geruhsamen Badetag und eine ungestörte, stille Nacht, bevor wir uns nach Porto-Vecchio aufmachen. Mehrfach

Sechs Kilometer nördlich von Bonifacio liegt die Bucht von Santa Manza.

haben wir gehört und gelesen, daß Küste und Strände rings um die im Sommer vielbesuchte Hafenstadt für Wohnmobilisten besser weiträumig zu umfahren sei. Überall würden Verbotsschilder und Schranken dem ungelittenen Wohnmobilreisenden das Leben schwer machen. Der erste Eindruck, den wir bei unserem Abstecher an den »Golf de Santa Giulia« machen, bestätigt dies. Schon das schlichte Parken wird in der schönen Badebucht mit Strandsee durch Höhenbegrenzungen verhindert. Kurz davor, durchzustarten und Porto-Vecchio auf der neuen, autobahnartigen Umgehungsstraße rechts liegen zu lassen, entschließen wir uns doch noch, wenigstens einen Blick auf die als

Wie in der Südsee: feiner Sand und klares Wasser.

»schönster Strand Korsikas« gerühmte *Plage de Palombaggia* zu werfen und ein Bad zu nehmen.

Über *Bocca dell'Oro* tuckern wir das kurvenreiche Sträßlein entlang, das im Rundkurs rings um die große Landzunge südlich des Golf de Porto-Vecchio schlängelt. Überall bestimmen Villen begüterter Städter und Feriendörfer das Bild. Tatsächlich kein Land für Wohnmobilisten, denken wir uns, als wir kurz nach dem »Capo d'Asciaio« um eine Kurve herumbiegen und plötzlich vor uns ein mannshohes Schild sehen, auf dem ein Wohnmobil mit dem »I« für Information zu sehen ist. Neugierig halten wir an. Aus einer kleinen, aus Naturstein aufgeschichteten, blumenumrankten Hütte tritt ein freundlich lachender Mann heraus und winkt einladend. Es ist Giuseppe, ein Sarde, der perfekt deutsch spricht. Wir mögen es gar nicht fassen, was wir erblicken. Wir haben den mit Abstand schönsten Wohnmobilstellplatz unserer Korsikareise entdeckt. Und das direkt neben der berühmten Plage

Kurz hinter dem Capo d'Asciaio befindet sich der schönste Wohnmobilstellplatz Korsikas. Er liegt direkt neben dem Plage de Palombaggia.

de Palombaggia, dem schönsten Strand der Insel. Und der Strand direkt vor Giuseppes Wohnmobilparadies, vor dem ein malerisches, rotes Felsenriff im Wasser schwimmt, ist kleiner, aber fast noch schöner als die nur wenige Schritte entfernte berühmte Schwester. Der Platz, der sich von der Straße den Hang hinab bis direkt hinter den Strand er-streckt, ist terrassiert und mit zahlreichen Büschen und Bäumen ein grünes Gartenidyll. Unten am Strand betreibt Giuseppe die romantische Strandbar »Marina Linda«, von deren Terrasse man, ideal für Eltern mit Kleinkindern, den gesamten Strand zu Füßen hat.

Wir sind in Korsikas Wohnmobilhimmel!.

Guiseppes Campingplatz hat keinen Namen und keinen Supermarkt, aber ansonsten so ziemlich alles, was das Herz begehrt.

Legende

- Hauptroute
- Reisemobilplatz
- Stellplatz
- Campingplatz
- Museum
- Sehenswürdigkeit

5 km

Golfe de Valinco

Pnte de Campomoro

Belvedere Campomoro

Bilia

Tizzano

Alignements de Palaggiu

Cap de Roccapina

Rocher du Lion

Mégalithes de Cauria

Giunchetto

Sartène

Spin'a Cavallu (Pont Génois)

Granace

Oriolo

Jas de Caldane

Plage de Figari

Baie de Figari

Plage de Tonnara

Pianottoli

Tarrabucceta

Ermitage de la Trinité

Bonifacio

Capo Pertusato

Figari

Chera

Sotta

l'Ospedale

Pnta di Vacca Morta

Golfe de S.a Manza

Baie de Rondinara

Suartone

Poretta

la Trinité

Porto-Vecchio

Plage de Palombaggia

Golfe de Porto-Vecchio

Strecke

Propriano – Source de Caldane
(17 km) – Sartène (16 km) – Mégalithes de Cauria (12 km) – Tizzano
(12 km) – Rocher du Lion (37 km) –
Baie de Figari (20 km) – Bonifacio
(16 km) – Golf de Sta. Manza (8 km) –
Baie de Rondinara (20 km) – Plage
de Palombaggia (14 km) – Porto-
Vecchio (15 km)

Streckenlänge

Propriano – Bonifacio ca. 130 km
Propriano – Bonifacio – Porto-
Vecchio ca. 190 km

Straßenbeschaffenheit

N 196 von Propriano bis Sartène sehr
gut. Abstecher zur Source de Caldane gut mit enger Brücke über
Rizzanèse. Stichstraße von Sartène bis
Cauria/Tizzano bis Gabelung gut, danach jeweils schmal und holprig. Von
Sartène bis Roccapina kurvenreich,
aber gut ausgebaut. Ab Roccapina
bis Bonifacio ausgezeichnet und fast
kurvenfrei. Stichstraße von Bonifacio
zum Golf von Sta. Manza ausreichend
breit. Von Bonifacio bis Porto-Vecchio
schnurgerade und sehr gut. Rund-
strecke zur Plage de Palombaggia
schmal und kurvig, aber problemlos.

Information

Sartène / *Syndicat d'Initiative*
Rue Borgo 6 (in der Altstadt)
Tel. 04 95 77 15 40

Bonifacio / *Office de Tourisme*
Place de l'Europe (am PP 5 auf der
Zitadelle)
Tel. 04 95 73 11 88, Fax 04 95 73 14 97

Porto-Vecchio / *Office de Tourisme*
Rue du Député Camille de Rocca-
Serra (am Rathausplatz)
Tel. 04 95 70 09 58, Fax 04 95 70 03 72

Campingplätze

Sartène / ***Camping Olva
Les Eukalyptus
Route de la Castagna (D 69)
Tel. 04 95 77 11 58, Fax 04 95 77 05 68
1. April – 30. Okt.
großer, gut ausgestatteter Platz in
leichter Hanglage mit sonnigen
Wiesen und sehr schönem Baumbe-
stand. Mit Restaurant, sehr guter
Pizzeria, Swimmingpool, Waschma-
schinen. Kostenloser Bus nach
Sartène. Anfahrt: von Propriano
D 268 links Richt. Levie/Aullène, nach
1 km rechts in D 69.

Tizzano / ***Camping L'Avena Arepos
2 km vor Tizzano
Tel. 04 95 77 02 18
25. Mai – 20. Sept.
großer, ausreichend ausgestatteter, sehr still und schön im Bachtal gelegener Platz mit baumbestandenen Hangterrassen. Ideal für Womo große, ebener Wiese mit lichtem Pappelbestand und Strom-, Wasseranschluß. 150 m zu wunderschöner Bucht mit Sandstrand. Mit Restaurant, Waschmaschinen. Anfahrt: ca. 2 km vor Tizzano links (Schild »Les Haute de l'Avena«) Schotterpiste über Bach (Vorsicht, sehr schmal!), 500 m weiter bergauf, dann rechts Teerstr. sehr steil ins Tal hinab.

Roccapina / *Camping Arepos Roccapina
Rocher du Lion
Tel. 04 95 77 19 30, Fax 04 95 77 10 60
20. Mai – 30. Sept.
mittelgroßer, einfach ausgestatteter Wiesenplatz mit vereinzetem Baumbestand in einsamer, sehr schöner Lage. 800 m zur unter Naturschutz stehender, herrlicher Badebucht mit malerischen Felsen und feinem Sandstrand. Anfahrt: an der »Auberge Coralli« breite Schotterpiste 2 km beragab. Ab Camping Wohnmobilsperre.

Bonifacio / **Camping Araguina
Avenue Sylvère-Bohn
Tel. 04 95 73 02 96, Fax 04 95 73 01 92
1. April – 1. Nov.
kleiner, gut ausgestatteter Platz in terrassierter Hanglage mit schönem Baumbestand. Da er der stadtnächste Platz ist (5. Fußmin. zum Hafen), in der Hochsaison oft stark frequentiert. Gute Pizzeria am Platz.
Anfahrt: unmittelbar hinter Ortsschild »Bonifacio« rechts.

Bonifacio / ***Camping Des Iles
Plage de Piantarella
Tel. 04 95 73 11 89, Fax 04 95 72 18 77
15. April – 15. Okt.
2,5 km außerhalb von Bonifacio. Kleiner, sehr gut ausgestatteter, still und schön gelegener Platz mit wenig Schatten und Blick auf Felseilande im Meer. Mit Restaurant, Swimmingpool, Geldwechsel, Surfbrettverleih (guter Surfspot!) u.a. Anfahrt: Str. Richt. Leuchtturm Pertusato, nach gut 2 km Stichstr. zum Meer hinab.

Suartone / ***Camping La Rondinara
Baie di Rondinara
Tel. 04 95 70 43 15, Fax 04 95 70 56 79
1. Juni – 30. Sept.
kleinerer, still und einsam gelegener, gut ausgestatteter Platz in terrassierter Hanglage mit tollem Blick auf die

bildschöne, fast kreisrunde Bucht.
800 m zum feinen Sandstrand. Mit
Restaurant, Swimmingpool, Geldwechsel. Anfahrt: von N 198 nach
Porto-Vecchio kurz vor Weiler Chiova
d'Asino rechts ca. 7 km Stichstr. D 158
über Suartone.

Porto-Vecchio / **Camping*
Asciaghju
Bocca dell'Oro
Tel. 04 95 70 37 87
1. Juni – 30. Sept.
mittelgroßer, ausreichend ausgestatteter Platz in leichter Hanglage mit
schönem Baumbestand. 5 Fußmin.
zum schönen Sandstrand.
Anfahrt: von N 198 bei Weiler Precojo
rechts Richt. Bocca dell'Oro, 3 km
hinter dem Dorf rechts.

Stellplätze

Mégalithes de Cauria
kleiner PP bei den archäolog. Stätten
von Cauria inmitten einsamster Natur. Gegenüber kleine, ebene »Se-
parées« zwischen den Bäumen.
Nachts ungemein still.

Tizzano / *Golf de Murtoli*
paradiesische Stellplätze zwischen
schattigen Büschen hinter den
Dünen am Strand von Tralicetu. Im
Sommer Versorgung durch fliegende
Händler. Anfahrt: von D 48 ca. 500 m
nach »Alignements di Palaggiu« links
4 km schlechte Geländepiste (gel-
ber Pfeil auf Fels).

Giuncheto / *N 196*
zwei Rastplätze links und rechts der
Str. mit Tischen und Bänken an der
N 196 etwa 500 nach Abzweig Richt.
Giuncheto. Auch zum einmaligen
Übernachten geeignet.

Baie de Figari / *Südufer*
kleine, ebene Wiese auf der Südseite
der Bucht zw. Restaurant »Cormoran«
und »Chez Henri«. Hübscher Picknickplatz direkt an der seichten Bucht.
Wer übernachten will, vorher bei
»Henri« um Erlaubnis fragen.

Bocca d'Arbia / *Ermitage de la
Trinité*
großer, leicht abfallender Naturparkplatz im einsamen, wildromanti-
schem Felsenchaos direkt an der
Wallfahrtskirche mit Meerblick.
Wunderbarer Picknickplatz.
Anfahrt: von N 196 etwa 500 m nach
»Bocca d'Arbia« rechts (Schild »Ermitage«) ca. 1 km sehr schmale Stichstraße bis Kirchlein.

Bonifacio / *Phare de Pertustato*
entlang der schmalen Teerstraße
zum Leuchtturm zahlreiche Stellmöglichkeiten.

Golfe de Sta.Manza / *Plage de
Sta. Manza*
an der schmalen Stichsstraße D 58
mehrere kleine Parkplätze direkt am
Strand. Am Ende bei Ponti di a Nava
großer PP mit Restaurant. Wohnmobile von 23 – 7 Uhr verboten, deshalb
nur zum Baden.

Golf de Sta. Manza / *Nordküste*
bildschöne, einsame Badebucht mit
Sandstrand und schattigen Kiefern
zwischen Kalkfelsen, aber nur schwer
zu erreichen. Anfahrt: von N 198 ca.
4 km nach Camping »U Farniente«
rechts (Schild »Hotel Capu Biancu«)
teils geteerte, teils unbefestige, sehr
holprige Stichstraße. nach ca. 4 km
bei Gabelung links sehr schlechte
Geländepiste bis zum Strand.

Suartone / *Baie de Rondinara*
großer, ebener, unbefestigter Strandparkplatz mit Bäumen. Im Sommer
kostenpflichtig, in Vor- , Nachsaison
wunderschöner, stiller Übernach-
tungsplatz.

Plage de Palombaggia / *Giuseppes »Camper Paradise«*
das Wohnmobil-Paradies Korsikas!
Nicht versäumen.»Frei stehen mit
Komfort« ist das Motto des Betreibers
Giuseppe. Traumhaft schön gelegener und liebevoll angelegter und be-
pflanzter, terrassierter Hangplatz mit
Strom, Ver-, Entsorgung, Duschen und
Toiletten direkt an einem der schönsten Strände der Insel. Von den oberen Terrassen einmaliger Meerblick,
unten Stellplätze unmittelbar am
Sandstrand mit romantischer Bar mit
direktem Blick auf Strand, ideal für
Eltern mit Kleinkindern. Giuseppe
spicht exzellent deutsch und ist überaus freundlich und hilfsbereit.
Anfahrt: von N 196 nach Bocca
dell'Oro. Ca. 4 km hinter dem Dorf
nach Capo d'Asciaio rechts großes
Schild »Parking payant« mit Wohn-
mobilpiktogramm und »I«.

Porto Vecchio / *Hafen*
großer, unbefestiger, ebener PP gegenüber Hotel »Shegara« direkt am
Ufer unmittelbar nördl. des Hafens.

Gastronomie

Sartène / *Auberge Santa-Barbara*
ausgezeichnete korsische Küche im
stillen Gartenidyll etwas vesteckt unterhalb der Stadt. Anfahrt: ca. 1 km
Str. nach Propriano rechts Hinweisschild folgen.

Tizzano / *Chez Antoine*
einmalig schön über den winzigen
Fischerhafen gelegenes Restaurant
mit bezaubernder Terrasse und aus-
gezeichneter, preisgekrönter Küche.

Bonifacio / *Stelle D'Oru*
traditionsreiches Restaurant in der
Zitadellenstadt mit ausgesucht guter
regionaler Küche und Spezialitäten
aus Bonifacio. Mal probieren: gefüllte
Auberginen oder gefüllte Muscheln.

Sehenswert

Spin 'a Cavallu
die berühmteste und schönste genuesische Brücke Korsikas. Ein
Schmaus für Auge und Kamera, wie
sie im grazilen Bogen den Rizzanèse
überspannt.

Sartène / *Altstadt*
annähernd unverfälscht erhaltene,
düster romantische, mittelalterliche
Altstadt mit verwinkelten Gassen;
Kirche Ste.-Marie (17. Jh.).

Mégalithes de Cauria
3 bedeutende archäologische Fundstätten in mitten einsamster Natur mit
»Alignement de Stantari«, 20 in Dop-
pelreihe aufgestellte Menhire, »Dol-
men de Fontanaccia«, dem größten
und am besten erhaltenen Groß-
steingrab Korsikas und »Alignement
de Renaggiu«, 40 Menhire in kleinem
Eichenwald. Sehr sehenswert.

Alignements de Pallagiu
größtes Menhirfeld Korsikas mit 258 (!)
teils stehenden, teils umgefallenen
Menhiren.

Cap de Roccapina / *Rocher du
Lion*
riesige, natürliche Felsskultptur in
Form eines sitzenden Löwen über
naturgeschützer Traumbucht. Am
besten den Prachtblick von der Terrasse der »Auberge Coralli« beim
guten Essen genießen.

Bocca d'Arbia / *Ermitage de la
Trinité*
kleine, malerisch einsam inmitten eines wilden Felschaos gelegene Wallfahrtskapelle.

Bonifacio / *Zitadellenstadt, Kreide-klippen »Falaises«*
ohne Frage die eindrucksvollste und atemberaubendste aller korsischen Zitadellenstädte mit Kirche Sainte-Marie-Majeure, Treppe Escalier du Roi Aragon und vor allem sagenhaf-ter Aussicht auf die Falaises, die senk-recht ins Meer fallenden Kreideklip-pen. Nicht versäumen: eine Fahrt mit dem Ausflugsschiff zu den Falaises und der Grotte du Sdragonato.

Bonifacio / *Capo Pertustato*
von Leuchtturm bekrönter, südlich-ster Punkt Korsikas mit herrlicher Aus-sicht über die vorgelagerten Inseln bis hinüber nach Sardinien.

Suartone / *Baie de Rondinara*
zauberhaft schöne, fast kreisrunde Meeresbucht mit herrlichem Sand-strand. Wie gemalt.

Museen

Sartène / *Musée de la Préhistoire Corse*
im alten Gefängnis
15. Juni – 15. Sept. Mo – Fr 10 – 12 und 14 – 18 Uhr, sonst bis 17 Uhr
interessante Sammlung ur- und früh-geschichtlicher Funde, vor allem von der prähistorischen Stätten von Cauria und Palaggiu (s. unter »Se-henswert«).

Bonifacio / *Aquarium*
Quai Comparetti
1. April – 31. Okt. tägl. 10 – 21 Uhr, Juli/Aug. bis 24 Uhr
kleines, aber nettes Meerwasser-aquarium mit 13 Einzelaquarien, in denen vom Hai über Hummer bis Seeanemone alles zu sehen ist, was das Meer an den Kreideklippen von Bonifacio so bevölkert.

Feste

Sartène / *U Catenaggiu*
Karfreitag
dämonisch-düstere Prozession, bei der der »Catenacciu«, der im blut-roten Gewand verhüllte »Büßer«, bei Fackelschein und Klageliedern mit schweren Eisenketten an den Beinen ein eisenbeschlagenes Kreuz durch die Gassen der Altstadt schleppt. Ein außergewöhnlich eindrucksvolles Spektakel.

Bonifacio / *La Trinité*
8. Sept.
große Prozession von Bonifacio hinauf zur 7 km entfernten Wallfahrtskirche Ermitage de la Trinité.

Unternehmung

Bergwanderung zum l'Uomo di Cagna

Zwischen Sartène an der Westküste und Porto-Veccchio an der Ostküste dehnt sich das riesige, völlig unbesiedelte und wegelose Gebirgsmassiv der »Montagne de Cagna«, dessen höchster Gipfel die 1.340 m hohe »Punta d'Ovace« ist. Wer durch das karge, menschenleere Gebirge wandert, sollte erfahren und gut ausgerüstet sein.

Wer sich diesen imposanten Wackelfels aus de Nähe betrachten will, fährt von der N 196 zwischen Roccapina und der Baie de Figari die 7,5 km lange, sehr kurvige und teils sehr steile Stichstraße D 50 bis zum 467 m hoch gelegenen Bergdorf Gianuccio hinauf. Parkmöglichkeit vor der Dorfkirche. Vom Dorf führt ein Pfad am Bach Scecaptée durch das Tal aufwärts bis zum Presarella-Plateau. Von hier aus erst nach Süden, dann Südwesten weiter bis zum gewaltigen Felsentor an der »Cima di Cagna«. Von hier hat man einen prächtigen Blick auf den fotogenen »l'Uomo di Cagna«. Von hier aus bis zum Felsbalkon unter dem Wackelstein hinauf führt der Weg über große, abgerundete Felsen, was nicht einfach und anstrengend und deshalb nur geübten Bergwanderen zu empfehlen ist. Auf der gut 3-stündigen Wanderung (einfache Strecke) ist ein Höhenunterschied von 580 m zu überwinden. **Unbedingt ausreichend Trinkwasser mitnehmen!**

DIE ALTA ROCCA

Von Porto-Vecchio durch die Gebirge der Alta Rocca nach Aléria

Eine kurvenreiche Rundfahrt durch die »korsischen Dolomiten«. Zu Korsikas größtem Wasserfall und größter Torreanerfestung Cucuruzzu. Beste korsische Küche im Bergdorf Quenza und atemberaubende Gebirgskulisse am Bavella. Haarsträubende Talfahrt zurück zur Küste.

Nach den ruhigen Ruhetagen auf Guiseppes »Camper Paradise« und im weichen warmen Sand der »Marina Linda« sind wir wieder voller Tatendrang. Gut ausgeruht sind wir bestens gewappnet für die nächste Entdeckungstour, die uns in die »Korsischen Dolomiten«, eine der grandiosesten Hochgebirgsregionen der an alpinen Lagen so reichen Mittelmeeerinsel.

Korsika den Korsen!

Es waren griechische Siedler, die im 9. Jh. in der geschützten Bucht des Golfes von Porto-Vecchio einen Hafen anlegten und die fruchtbare Küstenebene bestellten, die nun überwiegend von ausgedehnten Korkeichenwäldern bedeckt ist oder brach liegt. Heute sind es die zahlreichen Buchten und Strände rings um die alte Stadt, die im Hochsommer die Menschen in großer Zahl anlocken. Tourismus ist heute das Geschäft, Ackerbau treibt kaum einer mehr. Die Bodenspekulation hat rings um den Golf von Porto-Vecchio die Preise in schwindelde Höhen getrieben und viele der schönsten Badebuchten sind bereits mit ausufernden Feriendörfern und Edelhotels so zugebaut, daß sie für den einfachen Badegast kaum oder gar nicht mehr erreichbar sind. Hier sehen wir dann auch erstmals von den korsischen Separatisten gesprengte Villen und Sommerresidenzen. Anlehnend an den verwendeten Plastiksprengstoff

Porto-Vecchio ist einer der attraktivsten Touristenorte an der Ostküste.

nennen die Korsen diese handfeste Methode »plastiquer«, mit der sie versuchen, den »Ausverkauf des Vaterlandes« zu stoppen. Und wenn man die schmale Nebenstraße D 568/D 468 Richtung Norden an die Baie de Stagnolo, den Golf de Sogno, die Cala Rossa oder die Bucht von San Ciprianu hinausfährt, so kann man verstehen, was sie mit ihrem Kampfruf »Terra Corsa a i Corsu!«, Korsika den Korsen meinen. Zwar finden sich hie und da zwischen den Urlaubersiedlungen und Edelhotels auch noch für den Normalmenschen kleine Badeplätzchen, mehr aber auch nicht. Für den Wohnmobilreisenden ist der ganze Küstenabschnitt bis hinauf an den Golf de Pinarellu ziemlich uninteressant.

Lohnenswert aber ist ein Abstecher in die Altstadt in der Zitadelle von *Porto-Vecchio*, die auf einem Felsplateau hoch über dem Hafen thront. Das Wohnmobil läßt man am besten gleich auf einer der großen Parkflächen am Jacht- und Fährhafen stehen, weil es oben auf dem Plateau kaum Parkmöglichkeiten gibt.

Der Berg ruft nicht nur mit Hahnenpiß!

Wir lassen Stadttrubel und Küste hinter uns und wenden uns dem gewaltigen Gebirgsmassiv zu, das landeinwärts den kobaldblauen Himmel stürmt. Erst sanft, dann immer steiler und kurviger klettert die D 368 den Berg hinauf. Wir klettern mit und genießen von dem malerischen

Um Porto-Vecchio sind die korsischen Separatisten zwar besonders aktiv, richten sich aber nicht gegen Touristen.

Bergdörfchen l'Ospédale beim Blick über den im Dunst tief unter uns liegenden Golf von Porto-Vecchio die klare frische Bergluft. Immer höher schraubt sich die Straße bergauf und anstatt Korkeichen und Olivenbäume umgibt uns nun würziger Bergwald. Vorbei am von hohen Kiefern eingerahmten kleinen Stausee, hinter dem der Gipfel der 1.315 m hohen »Punta di a Vacca Morta« aufragt, geht es durch den herrlichen *Forêt de l'Ospédale* weiter in die korsischen Dolomiten, das Gebirgsmassiv der *Alta Rocca* hinein.

*Im Südosten Korsikas wachsen Kork-
eichen. Die Rinde wird von den Bäumen geschält.*

Knapp 1 km nach dem kleinen
Bergsee liegt rechts der Straße ein
großer Waldparkplatz mit Imbißbude,
auf dem man einen Zwischenstopp einlegen sollte. Denn hier beginnt der Trampelpfad, der zum größten Wasserfall der
Insel, zur *Cascade Piscia di Gallo* führt.
Der ausgeschilderte Wanderweg zum
»Piß des Hahns« führt bergab durch bezaubernden Wald und über nackte Felsen und dauert etwa 30 Min (Rückweg
40 min). Doch es lohnt sich. Hat man
auch das letzte steile Stück hinter sich,
steht man vor dem gischtenden Strahl

des Baches Oso, der in einer senkrecht
aufragenden Felswand aus einem Spalt
spritzt und sich höchst aufsehenerre-
gend über 50 m in die Tiefe stürzt. Besonders schön pißt der Hahn am späte-
ren Morgen, wenn die einstrahlende
Sonne seine Gischt wie Diamanten fun-
keln läßt. Den nächsten Halt legen wir in
991 m Höhe an der *Bocca d'Illarata* ein,
von der sich eine besonders schöne
Aussicht zur Spitze der 1.198 m hohen
»Punta di Diamante« und weit über das
Bergland öffnet. Fürs erste ist der höchste Punkt der Straße erreicht.

Nun führt die Straße fast unmerklich
wieder sanft bergab bis zum Bergdorf
Zonza, in dem sich vier Straßen treffen. Das Dorf liegt, umgeben von ausgedehnten Kastanien-, Steineichen-
und Kiefernwäldern, in 784 m Höhe über
dem Asinao-Tal. Im Café auf dem von
Linden flirrend beschatteten Dorfplatz
gilt es nun eine Richtungsentscheidung
zu treffen. Erst weiter landeinwärts oder
gleich hinauf zum Col de Bavella, dessen grandiose Gipfelgrate uns majestätisch überragen. Wir betrachten
die »Aiguilles de Bavella«, diese sagenhaft schöne wie schroff zerrissene Gipfelkette, die mit das Eindrucksvollste ist,
was Korsikas Gebirgswelt für seine Besucher bereit hält, vorerst nur aus der Di-
stanz mit ehrfürchtigem Respekt.

Denn wir biegen in Zonza in die D 268
ein, die sich auf der Westseite des Mas-
sivs hinab nach *Levie* schlängelt. Das
kleine Bergdorf liegt einnehmend schön
auf einem mächtigen Granitplateau
zwischen den tiefen Taleinschnitten des
Rizzanèse und des Fiumicicoli. Uns hat

aber nicht das malerische Dorfbild hierhergeführt, sondern das »Musée de l'Alta Rocca«, das sich neben dem Rathaus eingerichtet hat. Das Museum bietet mit seinen Ausstellungen die ideale Vorbereitung für die Besichtigung der unweit von Levie entdeckten bei-

Versteckt inmitten der Wälder des Asinao-Tals: das Dörfchen Zonza.

den größten Siedlungen aus der torreanischen Epoche der Insel, dem »Castellu Cuccuruzzu« und »Capula«. Neben zahlreichen Ausgrabungsfunden von den beiden bronzezeitlichen Anlagen kann man im Museum aber auch die berühmte »Dame von Bonifacio«, das aus dem Jahr 6.570 v. Chr. stammende und damit älteste auf Korsika gefundene Menschenskelett bestaunen.

Etwa 3 km hinter Levie biegt rechts eine schmale Teerstraße ab, die zu den archäologischen Stätten auf dem »Pianu de Levie« führt. Vorsichtig tuckern wir auf der engen Straße zum Plateau hinauf. Nach gut 4 km haben wir ohne Gegenverkehr ihr Ende am Waldrand erreicht. Vor uns liegt ein ausgedehnter Naturparkplatz, auf dem vereinzelte alte Baumknorren uns und dem Auto wohltuenden Schatten spenden. Wir sind völlig alleine.

Am Parkplatz beginnt ein schön angelegter Rundwanderweg, auf dem

man gegen einen kleinen Obulus zu den archäologischen Stätten gelangt.

Wo der Korsische Stein wächst

Milde Nachmittagssone strömt über den Parkplatz am Waldrand, als wir von dem empfehlenswerten Rundgang zum Auto zurückkehren. Schnell sind Tisch und Stühle ausgepackt. Bis weit in die mondhelle Nacht hinein sitzen wir draußen bei Käse und Wein, bevor wir an dem idyllischen Ort eine der stillsten Nächte unserer Reise verbringen.

Nach dem Frühstück geht es in ungezählten Kurven weiter bergab. Von der Hauptstraße werfen wir einen Blick auf das winzige Bergdorf *Mela*, das sich auf einem Bergkamm unterhalb der Straße malerisch um sein Kirchlein gruppiert liegt. Kurz danach passiert die

Straße das 1492 von der Herrscherfamilie della Rocca gegründete Kloster »St. Francois« über dem schönen Dorf St. Lucie-de-Tallano. Bekannt ist der Ort aber vor allem wegen des »Pierre Corse«, des »korischen Steins«. Der unter Mineralogen als Kugeldiorit bekannte seltene Stein, der sonst nur noch in Finnland vorkommt, ist ein vulkanisches Eruptivgestein, das durch seine eigentümlichen konzentrischen Kristallisierungsmuster seine ungewöhnliche Schönheit erhält. Wer sich einen »Korsenstein« mit nach Hause nehmen, will, der folge am Ortsausgang dem Schild »Pierre Corse«.

Wir stehen plötzlich wieder am Abzweig zu der Heilquelle von Caldane. Kurzentschlossen biegen wir ab und nehmen in der reizenden »Source de Caldane« noch einmal ein wohliges Entspannungsbad, bevor wir auf der anderen Talseite auf der D 69 wieder in die Bergwelt hinaufkurven. Das Sträßlein wird immer schmaler, holpriger und kurvenreicher, je weiter wir an Höhe gewinnen. Doch es ist kaum befahren und landschaftlich bezaubernd. Nach fast 25 km für den Motor anstrengender

Schweinereien: das Borstenvieh ist im korsischen Hinterland allgegenwärtig.

Kletterei ist das gerade 150 Einwohner zählende, 850 m hoch gelegene Bergdorf *Aullène* erreicht. Das von Kastanienwäldern umgebene Dorf besitzt mit dem Altar seiner Kirche eine kleine Sehenswürdigkeit, die einen Halt wert ist. Der aus dem 17. Jh. stammende, aus Kastanie geschnitzte Kanzel wird von sich aus einem Mohrenkopf herauswindenden Schlangen, eine Allegorie auf die dunkle Zeit der Sarazeneneinfälle, getragen.

Korsische Köstlichkeiten

Noch winziger als Aullène ist das nächste Dorf *Quenza*. Hier ist es die »Auberge Sole e Monti« am östlichen Ortsausgang, die einen Besuch wert ist. Die kleine Herberge ist wegen ihrer exzellenten regionalen Küche bei den Einheimischen weitbekannt. Gleich ob Wildschwein, Lamm oder Ferkel, alles, was man hier auftischt, ist ein Gedicht.

Nach weiteren 8 km ist der Kreis geschlossen und wir sind wieder in Zonza. Nun endlich geht es hinauf zum berühmten *Col de Bavella*, das auf der gesamten Rundfahrt lockend am Horizont zu sehen war. Noch 9 km in das wilde Bergmassiv hinauf und wir haben in 1.218 m Höhe den Scheitelpunkt der Paßstraße erreicht. Große Parkplätze links und rechts der Straße, auf denen kein Schild eine Übernachtung verbietet, zeigen, daß hier im Sommer allerhand los sein muß. Jetzt, Ende September, sind nur vereinzelte Wanderer und Bergsteiger da. Die Hochgebirgsland-

Am berühmten Col de Bavella, dem Bavellapaß, steht die schneeweiße Madonnen-Statue »St. Maria-Niège«.

Wie ein gewaltiger Sägezahn sieht der schroff gezackte Grat des *Punta Tafonata di Paliri* aus, der sich der schwindelerregenden Felswand anschließt.

Eine abenteuerliche Talfahrt

Für Wohnmobilisten steht mit dem Erreichen des Col de Bavella eine nicht ganz einfache Entscheidung an. Denn die Straße, die sich vom Paß durch das Solenzara-Tal an die Ostküste hinabwindet, gehört zwar zu den landschaftlich eindrucksvollsten Strecken auf ganz Korsika, ist aber ab dem »Col de Larone« derartig schmal und teils gefährlich, daß

schaft, die sich rings um den Betrachter am Bavellapaß ausbreitet, ist mit »einfach grandios« nur unzureichend beschrieben. Rings um die schneeweiße Statue der »St. Maria-Niège« klammern sich vereinzelt mächtige Schwarzkiefern in die von Felsen und Geröll übersäten Grasmatten, die mit ihren wildzerzausten Kronen vom ewigen Existenzkampf mit den Elementen in diesen unwirtlichen Höhen Zeugnis ablegen. Links ragen in Reihe die nackten und zerklüfteten, senkrecht abstürzenden Felsnadeln der *Aiguilles de Bavella* in den stahlblauen Himmel. Hinter dieser titanischen Gipfelkette erhebt sich der 2.136 m hohe *Monte Incudine*, der sein graues Haupt in Wolkenfetzen versteckt. Rechts begrenzt die gigantische rote Felswand *Calanca Murata*, in die sich verzweifelt einige Kiefern festklammern, den Blick.

Die Paßabfahrt vom Col de Bavella ist nur etwas für geübte Fahrer.

es für breite Wohnmobile bei jeglichem Gegenverkehr brenzlig wird. Im Hochsommer bei viel Verkehr diese Strecke zu fahren, wird mit Garantie auch für den geübtesten Fahrer zum echten Horrortrip. Wer kein geübter Fahrer ist und schwache Nerven hat, sollte deshalb besser wieder die gut ausgebaute Straße nach Porto-Vecchio zurückfahren.

Bald geschafft: auf dem Weg zum Küstenstädtchen Solenzara. Die Strecke dorthin zählt zu den anspruchsvollsten.

Wir wollen es wagen, aber nur möglichst früh am Morgen, wenn noch mit keinem Gegenverkehr zu rechnen ist. Also fahren wir wieder hinab zum im wunderschön Bergwald gelegenen »Camping Communal« von Zonza, der gut 3 km hinter dem Bergdorf an der Straße nach Porto-Vecchio liegt. Der Platz ist nicht nur wegen seiner bezaubernden Lage sehr zu empfehlen, sondern darüberhinaus auch noch ausgesprochen preiswert.

Mit dem ersten Sonnenstrahl sind wir auf den Beinen. Es geht es mit extremem Gefälle, aber noch auf breiter Spur von der Paßhöhe in die Schlucht hinab. Nach wenigen Kilometern verengt sich die Straße zu kaum mehr als der Breite unseres Wohnmobils. In aberwitzigen, oft sehr engen und uneinsehbaren Kurven und Kehren windet sie sich ungesichert durch die phantastische Felswelt das Tal hinab. An manchen Stellen verengen überhängende Felswände den Fahrweg so sehr, daß es bei Gegenverkehr keine Alternative gäbe als bis zur nächsten möglichen Ausweichstelle zurückzustoßen. Angespannt tasten wir uns im Schneckentempo weiter und sind schließlich heilfroh, als wir kurz vor dem Talausgang eine Parkmöglich-

keit für eine Verschnauf-
pause erblicken. Auf der
gegenüberliegenden
Straßenseite liegen ne-
ben einer Bar/Pizzeria
zwei große Parkplätze.
Den einen versperrt eine
Wohnmobilschranke,
der andere ist, so versi-
chert uns ein einheimi-
sches Ehepaar, aber für
Wohnmobile erlaubt.
(Ob auch das Über-
nachten möglich ist,
konnten wir nicht über-

*Paradies mit kleinen Fehlern: Plage de
Quercioni nahe eines Fliegerhorsts.*

prüfen, da die Bar leider schon geschlossen war). Die Größe der Plätze
zeigt, daß hier im Sommer allerhand los
sein muß. Denn unterhalb der Bar wird
der Fluß Solenzara von einer gewaltigen, senkrechten Felswand zu einer
großen Kehre gezwungen, die sich nicht
nur mit eine feinen, kleinen Sandstrand
schmückt, sondern auch einen wunderschönen großen natürlichen Swimmingpool ausbildet. Mit einem Sprung in
das erfrischen kühle Wasser waschen
wir uns die schweißtreibende Talfahrt
vom Leib.

Häßliche Orte mit
herrlichen Stränden

Die letzten Kilometer bis zum Küstenstädtchen *Solenzara* sind im Gegensatz
zu dem, was hinter uns liegt, geradezu
eine gemütliche Spazierfahrt. Der Ort
selbst ist wenig interessant. Verlockend
sind aber der schönen Sandstrand, der

sich nördlich der Flußmündung erstreckt. Direkt hinter dem weißen Sandband liegen nebeneinander zwei schöne Campingplätze, auf denen man im
Schatten lockerer Eukalyptushaine
ideale Badetage verbringen kann. Wer
Baden, aber nicht auf den Campingplatz will, fährt die N 198 Richtung Norden weiter. Nach 3, 5 km biegt eine kurze Stichstraße zur *Marine de Solaro* ab,
an der man mit dem Wohnmobil einen
Badetag verbringen, aber leider nicht
übernachten darf. Wer einen Nachtplatz sucht, fährt nochmals 2 km weiter.
Direkt vor einem Militärflugplatz biegt eine schmale, holprige Stichstraße ab, die
an der Einzäunung des Sperrgebiets
entlang vor zum Meer führt. An ihrem
Ende bieten sich direkt an Flußmündung und Strand hübsche Stellmöglichkeiten. Ruhe und Beschaulichkeit ist hier
allerdings nur garantiert, wenn die Dü-
senjäger nicht fliegen.

DIE ALTA ROCCA

Wie mit dem Lineal gezogen führt die breite Rennstrecke der N 198 weiter Richtung Ghisonaccia. Unmittelbar nach dem Weiler Mignatia führt abermals eine kleine, ziemlich ramponierte Stichstraße hinaus zur Küste. Hält man sich an der nach wenigen 100 m erreichten Gabelung rechts, gelangt man zur völlig einsamen *Plage de Quercioni*. Der kilometerlange Dünenstrand, zu dem nur wenige finden, ist ein wahres Paradies. Zwischen den Büschen hinter den Dünen bieten kleine Rasenflecken zahlreiche idyllische Stellplätze. Doch leider wird auch hier manchmal die Stille und Idylle mehr als getrübt, wenn auf dem nahen Fliegerhorst Betrieb ist und die Jets brüllend über einen hinwegdonnern.

Das Städtchen *Ghisonaccia* selbst ist eine ziemlich trostlos wirkende Ansammlung von Häusern, die von der verkehrsreichen Hauptstraße durchschnitten wird. Auch die Landschaft der weiten, fruchtbaren Ebene des Flusses Orbo, an deren Beginn Ghisonaccia liegt, ist wenig erhebend.

Die sich entlang der Küste bis zum 40 km entfernten Prunete erstreckende Ebene ist langweilig und öde und kann getrost ohne Halt durcheilt werden. Wem nach Strand und Baden zumute ist, findet an praktisch jeder Stichstraße, die zum Meer hinausführt, dazu Gelegenheit. Fährt man beispielweise im Ortskern von Ghisonacccia die 4,5 km lange gute Straße zur Küste vor, kommt man an ihrem Ende zu zwei einsamen

Völlig versteckt gelegen: Stellplatz am Dünenstarnd von Quercioni.

Strandbars und zu einem kilometerlangen, feinen Sandstrand.

Auf halber Strecke zwischen Ghisonaccia und Aléria liegt der seichte *Étang d'Urbino*. Der große, durch eine Nehrung vom Meer abgetrennte Lagunensee dient wie der *Étang de Diane* nördlich von Aléria zur Austernzucht. Liebhaber dieser Delikatesse können an beiden Strandseen in schwim-

In der Antike besiedelt: Aléria, die Stadt an der Flußmündung des Tavignano. 1958 wurde damit begonnen, die Überreste der römischen Stadt freizulegen.

menden Pfahlrestaurants rohe oder in verschiedenen Varianten zubereitete Austern sehr preiswert verspeisen oder kiloweise kaufen. Liebhaber antiker Stätten sind in *Aléria* am richtigen Ort. Die Römer bauten ihr »Alalia«, Aléria zum größten Stützpunkt auf Korsika aus, von dem aus sie die Insel eroberten und verwalteten.

1958 wurde damit begonnen, die römische Stadt, die nicht in der Flußebene, sondern etwas landeinwärts auf einem Felsplateau liegt, freizulegen. Die Straße zu den Ausgrabungen führt kurz vor Aléria hinauf zum *Fort de Manta*, das die Genuesen im 16. Jh. auf dem Plateau erbaut hatten.

Für uns wird es nun Zeit, ein Plätzchen für die Nacht zu finden. So fahren wir nach Aléria hinein, folgen dem Schild »Plage du Mare + Stagno« und schnurren die pfeilgerade N 200 zur Küste an die *Plage de Padulone* hinaus. Die

Straße endet bei einer Bar und einem Restaurant auf einem Parkplatz. Direkt davor zieht sich von Horizont zu Horizont ein schöner Sandstrand.

Die Saison ist vorbei, Bar und Restaurant verschlossen und verriegelt und außer uns ist nur noch ein junges Pärchen da, das sich heftig knutschend im Auto vergnügt. Da wir die beiden nicht weiter stören wollen, fahren wir weiter bis zum *Phare d'Alistro*. Genau am großen Leuchtturm biegt links eine kurze Piste ab, die am ebenfalls verschlossenen Restaurant »Costa Marina« auf einem großen und ebenen Platz am Strand endet. Hier sind wir völlig alleine und hier bleiben wir.

Strecke

Porto-Vecchio – l'Ospédale (19 km) –
Zonza (21 km) – Levie (10 km) –
Castellu Cucuruzzu (7 km) – Source
de Caldane (16 km) – Aullène
(29 km) – Quenza (13 km) – Col de
Bavella (17 km) – Solenzara (30 km) –
Ghisonaccia (20 km) – Aléria (20 km)
– Phare d'Alistro (22 km)

Streckenlänge

Porto-Vecchio – Aullène ca. 100 km
Porto-Vecchio – Aullène – Aléria ca.
200 km

Straßenbeschaffenheit

Von Porto-Vecchio bis Stausee sehr
kurvenreich teils steil bergauf, aber
breit, dann kurvig auf Gebirgskamm
bis Zonza. Von Zonza bis Levie breit
und ohne viel Kurven. 3,5 km lange
Stichstraße zum Castellu Cucuruzzu
sehr schmal, aber gut asphaltiert.
Von Levie bis Source de Caldane
kurvenreich bergab, schmale Brücke
über Rizzanèse. D 69 hinauf nach
Aullène und Quenza bis Zonza extrem kurvenreich, schmal und holprig. Von Zonza zum Col de Bavella
breit und gut. Achtung! D 268 von
Paßhöhe bis Solenzara erst sehr steil
bergab, aber breit. Ab Weiler Argia-
vara abenteuerlich schmal, kurvenreich und ungesichert mit sehr wenig

Ausweichmöglichkeiten. In der Saison nicht mit dem Wohnmobil befahren oder nur sehr früh am Morgen!
Von Solenzara nach Aléria überbrei-
te, schnurgerade Rennpiste.

Information

Levie / *Office de Tourisme de
L'Alta Rocca*
Rue Sorba 11
Tel. 03 95 78 41 95, Fax 04 95 78 46 74

Campingplätze

Zonza / *Camping Muncipial*
an D 368
Tel. 04 95 78 62 74, Fax 04 98 78 66 25
15. Mai – 30. Okt.
sehr preiswerter, mittelgroßer, wunderbar im herrlichen lichten Kiefernwald gelegener Platz mit einfacher
Ausstattung. Ideal für Wanderungen
und Ausflüge durch die Bergwelt
rund um Zonza. Anfahrt: von Porto-
Vecchio kommend 3 km vor Zonza.

Levie / *Camping Communal*
bei San Gavino
kein Tel.
Juni – Sept.
einfachst ausgestattetes, aber still
und idyllisch im Wald neben Fußballplatz gelegenes Gelände.
Anfahrt: im Weiler San Gavino Aus-
schilderung folgen.

Serra di Scopamente / *Camping I Palacci*
Tel. 04 95 78 72 20, Fax 04 95 78 72 94
1. Juli – 15. Sept.
kleiner, einfachst ausgestatteter Platz in stiller Waldlage.

Solenzara / **Camping *Les Eukalyptus*
2 km nördl. von Solenzara
Tel. 04 95 57 44 73
Mai – Sept.
kleiner, gut ausgestatteter, ebener Platz in idyllischer Lage in lichtem Eukalyptushain direkt am schönen Sandstrand. Mit sehr guten Sanitär-einrichtungen und Restaurant.

Ghisonaccia / ****Camping *Arinella Bianca*
am Strand
Tel. 04 95 56 04 78, Fax 04 95 56 12 54
15. Mai – 15. Okt.
sehr großer, ebener, ausgezeichnet ausgestatteter, landschaftlich reizvoll gelegener Platz; durch den sich ein Bach schlängelt. Einer der schönsten Plätze der Ostküste unmittelbar am tollen Sandstrand. Mit Restaurant, Swimmingpool, Geldwechsel, Kinder-animation u.v.a.

Aléria / ****Camping Marina *D'Aléria*
am Strand
Tel. 04 95 57 01 42, Fax 04 95 57 04 29
15. Mai – 31. Okt.
großer, gut ausgestatteter, ebener Platz im lichten Pinien-, Eukaylptus-wald am tollen Sandstrand. Mit Wohnmobil-Ver-, Entsorgungsstation, Restaurant, Geldwechsel, Fahrrad-, Surfbrettverleih.

Stellplätze

l'Ospédale / *Piscia de Gallo*
großer, ebener Waldparkplatz mit Kiosk, an dem der Weg zum »Piscia de Gallo«, dem größten Wasserfall Korsikas beginnt. Campen verboten.

Levie / *Castellu de Cucuruzzu*
wunderschöner, einsam und still am Waldrand gelegener, mit einzelnen Bäumen bestandener PP, an dem der Rundweg zu den archäologi-schen Stätten von Cucuruzzu und Capula beginnt. Anfahrt: 3,5 km hinter Levie rechts 3,5 km lange, schmale Stichsstraße bis Ende.

Loretto di Tallano / *D 69*
kleiner, ebener, befestigter PP an der D 69 zw. Loretto und Zérubia mit phantastischer Aussicht.

Col de Bavella
zahlreiche PP auf der Paßhöhe mit umwerfender Fernsicht, ideal für Picknick in frischer Bergluft und Spaziergänge/Wanderungen im Bavella-Massiv.

Solenzara-Tal / *Punta di Boccarona*
großer, ebener, eingezäunter Parkplatz (im Sommer kostenpflichtig) mit Bar/Restaurant im wildromantischen Tal an einer großen Flußbiegung mit wunderschönem, natürlichem Swimmingpool mit Strand vor mächtiger Felswand. Anfahrt: von Solenzara D 268 ca. 8 km ins Tal hinein.

Marine de Solaro / *Strand*
Strandparkplatz mit Bar, ideal für Badepause. Übernachten verboten.

Travomündung / *Strand*
ausgedehnter, einsamer Platz direkt an der Mündung des Travo mit Sandsträndchen. Anfahrt: von Solenzara N 198 Richt. Aléria, nach 5,5 km an Kirchlein direkt vor Militärflughafen rechts schmale, holprige Stichstraße bis zum Meer.

Mignataja / *Plage de Quercioni*
zahlreiche Stellmöglichkeiten am kilometerlangen, einsamen Dünensandstrand. Anfahrt: ca. 300 m nördlich von Mignattaja rechts schlechte, schmale Stichstraße hinein, an Gabelung rechts 2 km über kleine Brücke bis Strand.

Aléria / *Plage du Padulone*
ebener Strandparkplatz mit 2 Bars. Anfahrt: in Aléria 3 km gute Stichstraße (Schild »Mare + Stagno«) bis Strand.

Phare d'Alistro / *Strand*
großer, ebener, unbefestigter und schattenloser PP mit einsamem Restaurant »Costa Marina« direkt am Strand. Anfahrt: direkt beim Leuchtturm 500 m schmale, aber gute Stichstraße.

Gastronomie

Levie / *Auberge La Pignata*
Tel. 04 95 78 41 90
hervorragende traditionelle korsische Küche aus hauseigenen Produkten. Sehr empfehlenswert, jedoch Reservierung erforderlich. Anfahrt: von Levie D 268 bis Abzweig zum Castellu Cucuruzzu.

Quenza / *Auberge Sole E Monti*
hervorragende traditionelle korsische Küche, exzellente Fleisch-, Wildgerichte. Sehr empfehlenswert.

Aléria / *La Ferme d'Urbino*
Pfahlrestaurant im »Etang d'Urbino« zw. Ghisonaccia und Aléria. In der Lagune werden veschiedene Muscheln, u.a. Austern gezüchtet, die in verschiedenen Zubereitungsarten serviert werden. Auch gute Fischgerichte.

Sehenswert

Forêt de l'Ospédale / *Piscia de Gallo*

malerischer, mit über 50 m Fallhöhe Korsikas größter Wasserfall in zauberhaftem Bergwald.

Levie

malerisches, reizvoll zw. 2 Tälern auf einem Plateau gelegenes, stilles Bergdorf, einst die Hauptstadt der Alta Rocca mit sehenswertem Museum.

Pianu de Levie / *Castellu de Cucuruzzu u. Capula*

bedeutende archäologische Stätten auf der Hochebene Pianu de Levie. Mit Castellu de Cucuruzzu, torreanische Siedlung/Festung aus der Bronzezeit aus gewaltigen Felsblöcken mit toller Aussicht auf die Bavella-Felsnadeln. Und Capula, torreanische, bis ins Mittelalter bewohnte Siedlung. Zu den Stätten führt ein schön angelegter Rundweg (Dauer ca. 1,5 Std.)
Von 9 – 18 Uhr, Juli/Aug. bis 20 Uhr eintrittspflichtig mit Verleih von deutschspr. Info-Walkman.

St. Lucie-de-Tallano / *Couvent St. Francois*

1492 gegründetes, großes Franziskanerkloster in malerischer Lage über dem Dorf. Einzige Fundstelle von Kugeldiorit, des »Korsischen Steins«.

Col de Bavella

1.218 m hoch gelegene Paßhöhe inmitten der spektakulären, grandiosen Gebirgslandschaft der »Korsischen Dolomiten«. Phantastische Bergwelt mit den berühmten »Aiguilles de Bavella«. Zahlreiche Wandermöglichkeiten

Aléria / *antike Römerstadt*

weitläufiges Ausgrabungsgelände der einst größten römischen Stadt »Alalia« auf Korsika.

Museen

Levie / *Musée de l'Alta Rocca*

Juli – Sept. Di – Sa 10 – 18 Uhr, Okt. – Juni Di – Sa 10 – 12 und 14 – 16.30 Uhr
sehr sehenswertes archäologisches Museum mit zahlreichen prähistorischen Funden, besonders vom Castellu de Cucuruzzu und Capula. Besonders interessant: die »Dame von Bonifacio«, das älteste auf Korsika gefundene Menschenskelett (6.570 v. Chr.).

Aléria / *Musée Jérôme Carpocino*
Fort de Matra
16. Mai – 30. Sept. tägl. 8 – 12 und
14 – 19 Uhr, 1. Okt. – 15. Mai Mo – Sa
8 – 12 und 14 – 17 Uhr
das im alten genuesischen Fort un-
tergebrachte Museum zeigt zahlreiche griechische, etruskische und
römische Funde von der nahen Aus-
grabungsstätte.

Feste

St. Lucia-di-Tallano / *Kunsthand-*
werk- und Bauernmarkt
Ende Juli
großer bunter Markt, auf dem die
korsischen Künstler, Kunsthandwerker
und Bauern ihre Produkte feilbieten.

Unternehmung

Abstecher zum Col de Verde
Eine der landschaftlich eindrucksvollsten und einsamsten, aber auch
kurvenreichsten Straßen Korsikas
führt von Aullène über den Paß Col
de la Vaccia (1.193 m) und Zicavo
durch das Tavaro-Hochtal zum
1.289 m hohen Col de Verde und

von dort über Ghisoni hinab zur Ostküste. Bis zum im herrlichen Buchen-
wald gelegenen Paß ist die Hoch-
straße zwar kurvig und teils sehr holprig, aber ausreichend breit. Von der
Paßhöhe schlängelt sich ein unglaublich kurviges und sehr schmales
Sträßlein nach Ghisoni hinab und
weiter durch die abenteuerlichen
Engpässe »Defilé des Strette« und
»Defilé de l'Inzecca« zurück zur Westküste. Die beiden Engpässe in der
zerrissenen Felsschlucht des Flusses
Orbo sind einmalig wild und schön,
aber nur dem erfahrenen Wohnmobilisten zu empfehlen. An der insgesamt rund 100 km langen Strecke
(Aullène – Col de Verde 50 km, Col
de Verde – Ghisonaccia 44 km) bieten sich mehrere idyllisch gelegene
Parkplätze zum romantischen Picknick im Bergwald oder in der phantastischen Felskulisse der Orbo-
Schlucht. (z. B. am Col de Verde Parkplatz zwischen Rotbuchen mit Kiosk;
3 km vor Ghisoni Wiesenpicknick-
platz, 2 km nach Tunnel von »Defilé
de l'Inzecca« bzw. 7 km vor St. Antoine schöner Wiesenparkplatz).

INSEL-ZENTRUM / CASTA-GNICCIA

Von Aléria nach Corte und durch die Castagniccia zurück nach Bastia

Durch das Tavignano-Tal zu den »Engländer-Wasserfällen«. Besuch der heimlichen Hauptstadt Corte und dreifaches Schluchtenabenteuer mit Sonnenaufgang am Paglia Orba und Schildkrötendorf. Quer durch die endlosen Kastanienwälder der Castagniccia zum barocken Kleinod mit krönendem Abschluß am Strand von Prunete.

*Pont Genois: die uralte Genuesen-
brücke bewältigt auch heute noch
das gesamte Verkehrsaufkommen.*

Ein brausendes Donnern holt uns am nächsten Morgen aus den Federn. Die nächtliche Gewitterfront hat das Meer heftig aufgewühlt, das sich nun mit schäumenden Brechern gegen den Strand wirft und die Luft mit salzigem Geschmack erfüllt. Schnell gewinnt die Morgensonne an Kraft und läßt aus der durchnäßten, dampfenden Erde Wolkenfetzen aufsteigen, die die Hügelkette landeinwärts in märchenhaft mythische Schleier hüllen.

Picknick mit Genuesen-
brücke und Kapelle

Als wir auf der N 200 in das Tal des Tavignano hineinfahren, liegt noch wabernder Wolkendunst über den Wein-

feldern, die sich in der breiten Mündungsebene ausdehenen. Erst ist die Straße breit wie eine Landepiste und schnurgerade. Hinter dem Weiler Casabertola verengt sie sich jedoch zunehmend und wird schnell zu einer der abenteurlichsten Strecken, die wir auf unserer Rundreise gefahren sind. Umfangreiche Baustellen aber zeigen, daß die Strecke durch das tief in den Fels gefräste Flußtal bald ihre Gefährlichkeit verlieren wird. Nach Giunaccio ist das schlimmste Stück überstanden. Ohne viel Kurven geht es neben dem Fluß durch sein stilles, nun mildes Tal bis zur *Pont Génois.* Bis heute rollt über die Jahrhunderte alte, dreibogige Genuesenbrücke der gesamte Verkehr. Neben ihr steht die kleine romanische Kapelle »St.-Jean-Baptiste«, hinter der ein großer unbefestigter, aber ebener Platz mit vereinzelten Bäumen zum Picknick am Fluß oder auch Übernachten einlädt.

3 km nach der Brücke gabelt sich die Straße. Wir nehmen die D 143, die sich vom Tal nach Venaco hinaufschlängelt. Als wir in dem kleinen, 600 m hoch gelegenen Dorf ankommen, haben sich die letzten Wolkenfetzen in der Sonne aufgelöst und wir haben einen ungetrübten Blick in das Tal des Tavignano.

In Venaco ist die große N 193 erreicht, die quer über die Insel von Bastia über Corte nach Ajaccio führt. Bevor wir die Universitäts- und Zitadellenstadt Corte ansteuern, machen wir noch einen Abstecher zum Col de Vizzanova.

Aufdringliche Schweine

Wenige Kilometer hinter Venaco spannt sich der bereits 1827 erbaute *Pont du Vecchio* über einen tiefen Taleinschnitt. Hoch über der Straßenbrücke quert in schwindeliger Höhe die Schmalpurbahn das Tal. Die filigrane Eisenkonstruktion des Eisenbahnviadukts ist ein 1888 eingeweihtes Werk des berühmten Turmbauers Gustave Eiffel.

Breit und glatt, aber in extremen Steigungen und Serpentinen schraubt sich die Straße nach der Bücke durch das Dörflein Vivario zum »Col de Serra« hinauf. Wir leiden mit unserem gequälten Motor, der es manchmal kaum mehr im 2. Gang schafft. Gebannt haftet ein Au-

ge auf der Temperatur des Kühlwassers, das andere auf der Gebirgsstraße. Gut 1 km hinter, aber bereits hoch über Vivario bietet ein großer unbefestigter Parkplatz Gelegenheit, dem Motor eine Verschnaufpause zu gönnen. Von dem wie ein Balkon direkt an der Abbruchkante einer Schlucht gelegenen Platz, der sich auch gut zum Übernachten eignet, bietet sich ein phantastischer Blick über die Felsschlucht hinüber auf die kahlen Gipfelgrate um den 2.452 m hoch aufragenden »Monte Cardo«.

Kurz nach diesem prachtvollen Aussichtpunkt ist der *Col de la Serra* erreicht, an dem eine einladende Bar zur kleinen Kaffeepause verführt. Nach der Paßhöhe treten die schroffen Felsen zurück und machen dem *Forêt de Vizzanova* Platz. Der ungemein schöne Bergmischwald aus Korsischer Kiefer und Buchen ist eines der größten und wunderbarsten Waldgebiete der Insel. Durch diese grüne Lunge und ihre würzig frische Luft führt die Straße nun we-

Der Macchia-Express: Die Eisenbahnbrücke Pont du Vecchio wurde 1827 von Alexandre Eiffel erbaut.

niger steil bergan bis zum 1.163 m hohen *Col de Vizzanova*. Auf der Paßhöhe dehnen sich am Waldrand riesige, unbefestigte Parkflächen aus. Wir quartieren uns zwischen einer malerischen Felsgruppe unter einer schattenspendenden Linde ein und packen die Picknicksachen aus, um am Scheitelpunkt zwischen Nord- und Südkorsika Mittagsrast zu halten. Kaum haben wir alles bereit, kommt eine Rotte grunzender, scheckiger Halbwildschweine an und will sich an unserem Mittagsmahl mästen. Nur mit Mühe lassen sich die schweinischen Gesellen von ihren Vorhaben abhalten. Endlich trollen sie sich und versuchen es bei einem anderen Auto, das gerade wohlgefüllte Picknickkörbe auspackt.

Corte, die heimliche Hauptstadt

Nach einer bis auf die um das Auto streichenden Grunzschweine stillen Nacht in luftiger Höhe fahren wir *Corte* entgegen, das in zweifacher Hinsicht der Mittelpunkt Korsikas ist. Die alte Zitadellenstadt liegt nicht nur strategisch günstig und geschützt in der Inselmitte, sondern ist mit ihrer Universität auch das politische und geistige Zentrum Korsikas. Für die Korsen ist Corte, das in der kurzen Zeit der Unabhängigkeit unter Pasquale Paoli Mitte von 1755 bis 1769 tatsächlich Hauptstadtwürden hatte, noch heute die heimliche Kapitale ihrer Heimat.

Korsikas Mittelpunkt: Corte. In der Zitadelle ist heute die einzige Universität Korsikas untergebracht.

Wir wollen der schönen alten Stadt die ihr gebührende Aufmerksamkeit und Zeit schenken und quartieren uns deshalb auf dem Camping »U Sognu« direkt unter dem wie eine Adlernase vorspringenden Fels ein, der die Zitadelle trägt. Von hier aus sind es kaum 10 Gehminuten über die Tavignano-Brücke hinauf zur pulsierenden Schlagader der Stadt, dem »Cours Pasquale Paoli«. Die ewig verkehrsverstopfte Geschäftsstraße, auf der ständig ganz Corte unterwegs zu sein scheint, endet auf der kleinen »Place Paoli« am Rande der historischen Altstadt. Auf dem von Cafés und Bars umsäumten Platz, in dessen Mitte sich die Bronzestatue des »Vaters des Vaterlandes«, des Volkshelden Paoli erhebt, herrscht ein sagenhaftes

Verkehrschaos. Bei einem Kaffee beobachten wir in einer Mischung aus Amüsement und Staunen, wie sich der gesamte Verkehr aus der Hauptstraße auf den wild zugeparkten Platz ergießt und hier wenden muß. Besonders Reisebusse und LKW müssen dabei abenteuerliche Rangiermanöver veranstalten. Mit dem Wohnmobil wollten wir hier jedenfalls nicht drinstecken.

Unmittelbar hinter Corte öffnet sich die *Gorges de la Restonica*. Die wegen ihrer wildromantischen Natur berühmte Restonica-Schlucht zählt zu den schönsten Tälern der Insel. Doch der Weg in die zerrissene Felsenwelt hinein und durch sie hinauf zur »Bergerie de Grotelle« ist nicht einfach. Besonders im Sommer und für breite Wohnmobile, denn das steile, 15 km lange Sträßlein durch die Schlucht zum Parkplatz an der »Bergerie« ist derart eng, daß es eigentlich nur für Fahrzeuge bis max. 1,9 m Breite zugelassen ist und es bei Gegenverkehr zu höchsten Problemen, oft genug zum völligen Kollaps kommt. In der Vor- und Nachsaison kann man es mit dem Wohnmobil möglichst früh am Morgen vielleicht wagen, doch in der Saison in die Schlucht hineinzufahren, ist glattes Wohnmobil-Harakiri. Jegliches Übernachten ist in der geschützen Schlucht übrigens strikt verboten und wird streng verfolgt!

Wir haben unseren Schluchtkitzel mit dem Wohnmobil einen Tag später auf der *Scala di Santa Regina*. »Treppe der heiligen Königin« nennt man die verwegene Paßstraße, die durch die zerklüftete Felsschlucht des Golo hinauf in das Niolo-Hochland und weiter zum »Col de Vergio« führt. Auf 15 kurvenreichen Kilometern windet sich die einigermaßen breite Straße durch eine fast vegetationslose, aber großartige Felsenwüstenei hinauf nach *Calacuccia*. Hinter dem kleinen, 850 m hoch gelegenen Bergdorf ragt das höchste Gebirgsmassiv der Insel auf, das im 2.706 m hohen *Monte Cinto* seinen krönenden Höhepunkt findet. Vor dem Dorf blinkt ein Stausee in der Sonne.

Ein Paradies für Wanderer und Bergsteiger: das Asco-Tal. Der Monte Cinto ist mit 2706 m der höchste Berg Korsikas.

129

Unmittelbar hinter Corte beginnt die Restonica-Schlucht.

Ein Sonnenaufgang mit beschwerlicher Anfahrt

Uns aber lockt nicht der höchste, sondern der schönste Gipfelgrat Korsikas, die 2.525 m hohe *Paglia Orba*. In Albertacce biegen wir von der D 84 in eine kleine Nebenstraße ab, die nach Calasima hinaufführt. Um es vorweg zu sagen. Nachahmen ist nur geübten Fahrern empfohlen. Denn die sehr schmale, ungesicherte D 318 ist nichts für schwache Nerven. Dazu verengen sich die Durchfahrten durch die Bergweiler Pietra-Zitamboli und Calasima

derart, daß man sich mit dem Wohnmobil nur vorsichtig durchmanövrieren kann. Hinter Calasima wird das Sträßlein zur Geländepiste, auf der uns besser niemand entgegenkommen sollte. Bei einem Flugzeugpropeller, ein Denkmal für die tödlich verunglückte Besatzung eines Löschflugzeugs, führt ein steiler, aber kurzer Stich hinunter zu einem kleinen ebenen Platz am Waldrand, auf dem in der Saison ein gastfreundlicher alter Mann eine Kioskbude betreibt und auch Nachtquartier gewährt (in der Vor- und Nachsaison durch eine Schranke verschlossen). Glücklich, wohlbehalten angekommen zu sein, verbringen wir in der abgelegenen Bergeinsamkeit eine einmalig stille Nacht. Nur das leise Glucksen und Plätschern des kleinen Bergbaches, der hinter uns über die Felsbrocken talabwärts schlängelt, ist zu vernehmen. Wir haben den beschwerlichen Weg hierher nur aus einem Grund gemacht. Nämlich um das berückend schöne Schauspiel eines Sonnenaufgangs über der »Paglia Orba« zu erleben. Denn wenn die ersten Strahlen

Einsam: Lac du Melo, nur einer der herrlichen Bergseen im Cinto-Massiv.

über das Monte Cinto-Massiv klettern und auf das gewaltige Felshorn der »Paglia Orba« treffen, erglüht die Bergspitze einmalig eindrucksvoll in dunklem Rot. Deshalb unbedingt den Wecker stellen!

Bei den »Hermännern« in der Asco-Schlucht

Am nächsten Tag steigen wir über die »Scala di Santa Regina« wieder hinab zur großen N 195, die uns auf breiter Spur flott nach *Ponte Leccia bringt.* Der Straßen- und Eisenbahnknotenpunkt im Tal des Golo ist nicht übermäßig attraktiv, bietet aber mit seinen Supermärkten günstige Gelegenheit zum Einkaufen. Wir füllen ein letztes Mal den Kühlschrank und den Tank. Dann fahren wir auf der N 197 in Richtung Ile-Rousse hinaus. 2 km nach dem Ortsausgang biegen wir links in die D 147 ab, die in die *Gorges de l'Asco* hineinführt. Die wilde Gebirgsschlucht des Asco ist landschaftlich ebenso beeindruckend wie die Restonica-Schlucht. Im Gegensatz zu dieser ist die Straße, die nach gut 30 km in 1.450 m Höhe im kleinen Skiort »Haut-Asco« endet, auch mit dem Wohnmobil zu befahren. Auch in der Asco-Schlucht ist jegliches freie Übernachten strikt verboten!

So halten wir bei unserer Fahrt hinein gleich Ausschau, auf welchem der beiden am unteren Talende gelegenen Campingplätze wir uns am Abend einquartieren wollen. Und entscheiden uns für den zweiten, wunderschön am Asco gelegenen Camping »A Tizarella«. Nicht

Gipfelstürmer: Blick vom Gipfel des Monte Cinto auf die Paglia Orba.

nur seine verführerisch schöne Lage und die intimen Stellplätze zwischen Buschwerk und unter ausladenden Baumkronen lassen uns diese Wahl treffen. Ihm direkt gegenüber liegt nämlich »Le Village des Tortues«, das »Schildkrötendorf«.

Durch dieses Schildkrötendorf führt uns ein sehr freundlicher junger Mitarbeiter des korsischen Naturparks. In dem eingezäunten Gelände wird die einst auf Korsika beheimatete, aber auf der Insel vollständig ausgestorbene Hermann-Schildkröte auf ihre Auswilderung vorbereitet. Bei einem Rundgang kann man die überaus seltenen »Hermänner«

Bekannt: die Genuesenbrücke im Asco-Tal.

zwischen den Felsen frei herumkriechen sehen. Nur über die winzigen Babyhermänner und -herminen ist zum Schutz vor räuberischen Vögeln ein Drahtgitter gespannt. Das Dorf kostet Eintritt, mit dem das unterstützenswerte Projekt finanziert wird.

Endlose Kastanienwälder und enge Straßen

Der letzte Abschnitt unserer langsam zu Ende gehenden Korsikarundreise geht durch eine Landschaft, die einst die am dichtesten bevölkerte und wohlhabendste der Insel und der Hort des korsischen Unabhängigkeitskampfs war – die *Castagniccia*. Der Name »Castagniccia« bedeutet »Kastanienhain« und diese erst Ende des 16. Jh. auf Korsika eingeführter Baumart bedeckte 100 Jahre später bereits fast 70 % der Region. Die Kastanie wurde im doppelten Wortsinne zum »Brotbaum«, denn er bescherte den Menschen nicht nur erheblichen Wohlstand, sondern ernährte sie auch.

Wir fahren von Ponte Leccia die D 71 in das hügelige Schiefermassiv hinauf. Die Straße ist ungemein kurvenreich und die Hänge,

Päuschen verdient: Hinter der alten Brücke läßt sich's gut stehen und rasten.

Links und rechts des Restonica erstreckt sich eine wildromantische Berglandschaft.

die sie die Westflanke der Castagniccia hinaufführt, noch wenig von Kastanien bestanden. Nach endloser Schrauberei ist das erste Dorf erreicht. *Morosaglia* zählt gut 900 Einwohner und ist damit eines der größten Castagniccia-Dörfer. Hier wurde am 6.4.1725 der »Vater des Vaterlandes«, Pascal Paoli, geboren, der den Korsen von 1755 bis 1769 einen kurzen Frühling der Freiheit bescherte. Jeder Korse kennt Paoli und jeder Korse macht dem »Maison natal de Pascal Paoli« im Ortsteil Stretta seine Aufwartung. In seinem Geburtshaus werden nicht nur persönliche Gegenstände ausgestellt, sondern hier wird auch die Urne mit der Asche des 1789 im Londoner Exil verstorbenen Volkshelden aufbewahrt.

Wenige Kilometer und ungezählte Kurven durch nun dichten Kastanienwald später müssen wir uns am *Col de Prato* (985 m) entscheiden. Wir wollen nach La Porta, um uns seine prachtvolle Barockkirche mit ihrem besonders hohen und eigenartigen Kampanile anzusehen, die zu den schönsten Korsikas zählt. Doch das Sträßchen D 205, das von der Paßhöhe links in den dichten Kastanienwald hinabführt, ist gerde so breit wie unser Wohnmobil. Selbst ein entgegenkommendes Moped würde uns in größte Schwierigkeiten bringen. Doch die einzige Alternative wäre ein erheblicher Umweg und so wagen wir es. Vorsichtig fahren wir bergab. Dann erreichen wir den Weiler Stoppia-Novia, an dem die Straße eine derart scharfe Linkskurve macht, daß wir sie mit unserem langen Mobil nicht bewältigen können. Nach schwierigem Rangieren

Morosaglia ist das größte der Castagniccia-Dörfer. Hier wurde der Freiheitskämpfer Pascal Paoli geboren.

Zum Wahrzeichen von La Porta wurde die Barockkirche St. Jean Baptiste.

über dem Abgrund und Rückwärtsstoßen in eine enge Dorfgasse hinein haben wir es schließlich geschafft und erreichen unversehrt *La Porta.*

An dieser Stelle: die bessere, weil breitere Zufahrt von der Hauptstraße D 71 nach La Porta ist die D 46, die über Croce führt. Wir atmen erleichtert auf, als wir auf dem weiten Platz vor der Kirche ankommen. Doch die Mühe hat sich gelohnt. La Porta ist ein stilles und

ungemein reizvolles Dörfchen. Und die barocke »Église Saint-Jean-Baptiste« ist wirklich sehenswert. Ihr Inneres ist schmucküberladen und ihr freistehender, hoch aufragender Glockenturm von ungewöhlicher Gestalt, die uns eher an eine chinesische Pagode als an ein christliches Gotteshaus erinnert. Nach einer langen Pause im Café auf dem idyllischen Dorfplatz, der wie ein Balkon eine prachtvolle Aussicht über die grünen Hügel eröffnet, klettern wir über Croce zur Hauptstraße zurück.

Eine Oase der Stille mit Mineralquelle

1 km vor Piedicroce ragt neben der Straße die efeuumrankte Ruine des *Couvent d'Orezza* mahnend auf. Das ehemalige Franziskanerkloster hat für die Korsen eine hohe Bedeutung, denn es diente zahlreichen Versammlungen der korsischen Freiheitskämpfer als Versammlungsort. Hier traf sich auch 1790 Paoli mit Napoleon Bonaparte. Zerstört haben es im September 1943 die Deutschen, die in dem Kloster ein Waffenlager vermuteten und deshalb bombardierten.

In dem gerade 90 Einwohner zählenden Dorf Piedicroce führt eine sehr steile Nebenstraße in engen Kurven hinab zu Korsikas bekanntester Mineralquelle, den *Les Eaux d'Orrezza*. Auch wenn die gut 3 km lange Abfahrt mit dem Wohnmobil beschwerlich ist, so lohnt der Abstecher. Nur unbedingt wegen des stark eisenhaltigen und deshalb etwas bitter schmeckenden Wassers, das aus einer überdachten, gefassten Quelle sprudelt, sondern weil bei dem z. Zt. stillgelegten Thermalbad sich unter mächtigen alten Bäumen ein herrlich stiller, ebener Platz ausdehnt, auf dem man wunderbar die Nacht verbringen kann.

Von der Quelle führt die für Castagniccia-Verhältnisse breite D 506 zur *Source de Caldane* und weiter bis zur Ostküste. Wir entscheiden uns, auf der D 71 weiterzufahren, um das besonders schöne Bergdorf *Cervione* noch zu besichtigen. Cervione liegt sehr malerisch zwischen Weinbergen, Olivenhainen und Kastanienwäldern am Osthang der Castagniccia und bietet einen tollen Ausblick auf die Küste und das Meer.

Leicht erschöpft und reif für ein Bad von der kurvenreichen Fahrt durch die Castagniccia erreichen wir bei *Prunete* wieder die Küste. Ohne Umwege fahren wir deshalb die kurze Stichstraße vor zum Strand. Und entdecken zu unserem großen Entzücken dort nicht nur einen schönen Sandstrand, sondern direkt dahinter ei-

nen kleinen, unter riesigen Eukalyptusbäumen versteckten Campingplatz. Nicht nur das Plätzchen ist mehr als malerisch, sondern auch das danebenstehende »Casa Astima Zuccarelli«, in dem die Betreiberin wohnt. Die kunstsinnige Besitzerin verkauft kunsthandwerliche Webarbeiten, die sie in ihrer Webstube selbst fertigt. Auf dem Campingplatz stehen zahlreiche große Schnitzfiguren. Es ist nichts weniger als das perfekte Idyll zum Abschluß unserer Korsikareise.

Abschied von der »Insel der Schönheit«.

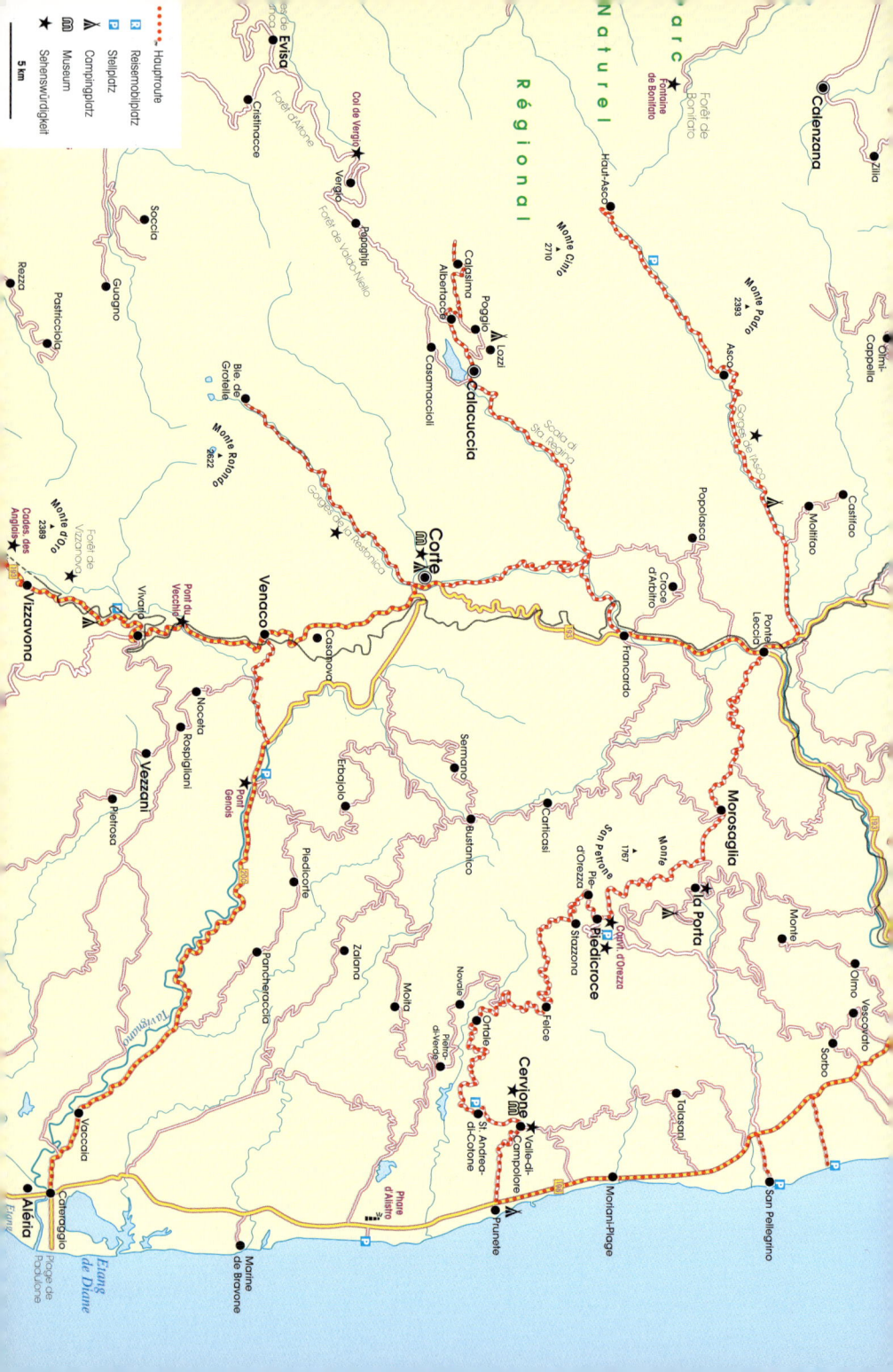

Strecke

Aléria – Venaco (39 km) – Vivario
(10 km) – Col de Vizzanova (12 km) –
Corte (33 km) – Calacuccia (30 km)
– Calasima (11 km) – Ponte Leccia
(41 km) – Haut-Asco (33 km) –
Morosaglia (47 km) – La Porta (9 km)
– Eaux d'Orezza (16 km) – Cervione
(37 km) – Prunete (6 km) – Bastia
(46 km)

Streckenlänge

Aléria – Corte ca. 100 km
Aléria – Corte – Bastia ca. 370 km

Straßenbeschaffenheit

N 200 von Aléria bis Casabertola
sehr gut und breit, dann bis Pont de
Piedicroce extrem kurvig und schmal
(z. Zt. umfangreiche Bauarbeiten),
danach wieder breit und kurvenfrei.
D 143 bis Venaco kurvenreich bergauf, aber breit. Bis Vivario sehr gut.
Nach Vivario bis Col de Vizzanova
sehr gut, aber teils extreme Steigungen. Von Venaco bis Corte sehr gut.
Stichstraße durch die Restonica-
Schlucht extrem schmal und teils
ebenso steil, für Wohnmobile über
1,9 m Breite ungeeignet. »Scala di
Santa Regina« bis Calacuccia sehr
kurvenreich, aber fast durchweg gut.
Von Ponte Leccia durch die Asco-

Schlucht meist breit und gut, aber
vor Dorf Asco 15 km sehr schmales,
kurviges Teilstück. Von Asco bis Haut-
Asco gut, aber teils sehr starke Stei-
gung. Die gesamte D 71 von Ponte
Leccia durch die Castagniccia bis
Prunete überaus kurvenreich und
teilweise in schlechtem Zustand,
aber ausreichend breit. 8 km langer
Abstecher nach La Porta schmal
und kurvig. Von Prunete bis Bastia
schnurgerade Rennstrecke.

Information

Corte / *Office de Tourisme*
Eingang Zitadelle
Tel. 04 95 46 24 20

Piedicroce (Castagniccia) /
Syndicat d'Initiative
an der Durchgangstraße
Tel. 04 95 35 82 54

Campingplätze

Tattone / *Camping Savaggio*
1, 5 km nördl. von Tattone
Tel. 04 95 47 22 14
Mai – Okt.
kleiner, sehr einfach ausgestatteter,
schattiger Waldplatz nahe Col de
Vizzanova. Bei Platz Bedarfshalte-
stelle der Schmalspurbahn, günstig
für Ausflug nach Corte. Mit Geldwechsel.

Corte / *Camping U Sognu*
an D 623 in Restonica-Schlucht
Tel. 04 95 46 09 07
März – Okt.
stadtnächster Camping am Zusam-
menfluß von Tavignano und Restonica direkt unter dem Felsvorsprung
der Zitadelle. Kleiner, ebener, einfach
ausgestatteter Wiesenplatz mit Bäumen. Mit kleiner Osteria, in der man
auch frühstücken kann.

Calacuccia / *Camping U Monte
Cintu*
in Lozzi
Tel. 04 95 48 04 45
15. Mai – 30. Sept.
sehr kleiner (30 Plätze), ausreichend
ausgestatteter, schattiger Platz: Mit
Restaurant. Ideal für Wanderungen
auf den Monte Cintu, den höchsten
Berg Korsikas. Anfahrt: von Calacuccia 2,5 km schmale Stichstraße D 218
Richt. Lozzi.

Moltifao / *Camping A Tizarella*
in der Asco-Schlucht
Tel. 04 95 47 83 92
Juni – Ende Sept.
kleiner, ausreichend ausgestatteter,
ebener, sehr malerisch am Asco gegenüber vom Schildkrötendorf gelegener Platz mit zauberhaften Stellplätzen zwischen Büschen und unter
Bäumen; sehr symphatische Betrei-
ber. Mit Restaurant.

Croce / *Camping Muncipial*
östl. von Croce
Tel. 04 95 39 21 43
Juni – Sept.
kleines, einfach ausgestattetes,
ebenes Gelände unter Kastanienbäumen neben Fußballplatz mitten
in der Castagniccia. Anfahrt: D 515
Richtung La Porta.

Prunete / **Camping Calamar*
neben Casa Astima Zuccarelli
Tel. 04 95 38 03 54, Fax 04 95 38 00 82
1. Juni – 30. Sept.
entzückender, kleiner, einfach ausgestatteter, ebener, still gelgener Platz
unter Eukalyptus- und Olivenbäumen
direkt am Strand mit sehr freundlichen, kunstsinnigen Betreibern.
Ein kleines, verstecktes Idyll.

Stellplätze

Tavignano-Tal / *Pont Génois*
unbefestigter, ebener Platz mit vereinzelten Bäumen hinter der Kapelle
an der malerischen Genuesenbrücke.

Vivario / *N 193*
1, 5 km nach Venaco Richt. Col de
Vizzanova großer, unbefestigter PP
mit prachtvoller Aussicht auf
Schlucht und Gebirgsmassiv.

Col de Vizzanova

sehr großer, unbefestigter, ebener PP auf Paßhöhe am Waldrand mit schattenspendenden Buchen und aufdringlichen Halbwildschweinen.

Gorges de l'Asco

sehr schöner, direkt am Asco gelegener Naturparkplatz zw. Asco und Haut-Asco mit kleinen Badestellen. Herrlicher Picknickplatz, Übernachten verboten!

Piedicroce / *Eaux d'Orezza*

großer, ebener, unbefestigter PP unter hohen Platanen direkt an der Orezza-Quelle. Eine stille, erfrischende Oase. Anfahrt: von Piedicroce 3,5 km schmale Serpentinenstr. steil bergab.

San-Giuliano / *D 71*

ca. 2 km westl. von San Giuliano an der Straße kleiner, ebener PP mit alten Kastanienbäumen neben verfallenem Gehöft mit herrlichem Blick ins Tal und auf den Stausee.

San Pelegrino / *Strand*

Stellmöglichkeiten unter Feigenbäumen bei Strandbar am schönen Sandstrand. Anfahrt: in Folelli Stichstr. D 506A (Schild »Hotel San Pelegrino«) links am Hotel vorbei bis Strandbar.

Querciolo / *Marina de Sorbo*

zahlreiche Stellplätze in lichtem Eukalyptuswald direkt am kilometerlangen, schönen Strand.
Anfahrt: von Querciolo 5 km schmale Stichstr. bis Strand.

Étang de Biguglia / *Lido de Marana*

direkt am kilometerlangen Sandstrand gelegener, toller Platz. Zahlreiche Stellmöglichkeiten im lichten Kiefernwald oder zw. Büschen am Strand mit Meerblick.
Anfahrt: in Crocetta D 507 (Richt. Flughafen) bis Feriendorf »Sables de Marana«. Direkt vor Feriendorf rechts Sandweg hinein.

Gastronomie

Pont de Castirla / *Chez Jaqueline*

an Golobrücke am Eingang zur Scala di Sta. Regina
unscheinbare Gastätte mit preiswerter, aber exzellenter, handgemachter korsischer Küche. Sehr empfehlenswert, aber nur Mittags Küche.

La Porta / *Chez Elisabeth*

Tel. 04 95 39 22 00
preiswerte, köstliche korsische Küche mitten in der Castagniccia. Ein echter Gourmettip, deshalb besser reservieren!

Canale di Verde / *Le Roc*
der perfekte Platz zum krönenden
Abschluß der Korsika-Rundreise.
Köstliche Küche auf felsumrahmten
Terrasse im stillen Abseits.
Anfahrt: von Prunete N 198 südl.,
dann knapp 1 km hinter Phare
d'Alistro rechts D 17, an Gabelung
links D 42. Der kleine Umweg lohnt
sich.

Sehenswert

Tavignano-Tal / *Pont Génois*
wunderschöne, dreibogige Genuesenbrücke über den Tavignano mit
Picknickplatz.

Pont du Vecchio
schwindelerregendes Eisenbahn-
viadukt, ein Werk des Turmbauers
Gustave Eiffel.

Forêt de Vizzanova / *Cascades des
Anglais*
herrlicher Bergmischwald aus Korsischer Schwarzkiefer und Buche am
Col de Vizzanova, eines der schönsten Waldgebiete Korsikas. Im Wald
die »Cascades des Anglais«, romantische kleine Wasserfälle mit Badetümpeln.

Corte / *Altstadt u. Zitadelle*
lebendige Universitätsstadt mit malerischer Altstadt am steilen Fels mit
»Église d'Annonciation«, imposanter
Zitadelle, wunderbarem Belvédère.

Gorges de la Restonica
wildromantische Bergschlucht,
eines der schönsten Täler Korsikas.
Am Ende der extrem schmalen Str.
(nur für Fahrzeuge bis 1,9 m Breite)
ab Bergerie de Grotelle zahlreiche
Wandermöglichkeiten zu einsamen
Bergseen.

Gorges de l'Asco
wildromantische Bergschlucht mit
»Schildkrötendorf« und einmaligem
Bergpanorama in Haut-Asco.

La Porta / *Église Jean Baptiste*
idyllisches Bergdorf mit prachtvoller
Barockkirche (1680) mit freistehen-
dem, eigentümlichem Campanile
(1720), das schönste barocke Sakral-
gebäude Korsikas.

Piedicroce / *Couvent d'Orezza*
eindrucksvolle Ruine des Franziska-
nerklosters, 1943 von den Deutschen
zerstört.

Cervione

sehr malerisches, verschlafenes Bergdorf mit barocker Cathédrale Saint-Erasme (1714), ehem. Bischofspalast und Museum.

Valle di Campoloro / *Chapelle Ste. Christine*
kleine, romanische Kapelle aus dem 9. Jh mit außergewöhnlich sehenswerten Fresken von 1473. 15 Fußmin. vom Dorf. Zur Besichtigung Schlüssel im Bürgermeisteramt holen.

Museen

Corte / *Musée de la Corse*
in der Zitadelle
Mai – Okt. tägl. 9 – 19 Uhr, sonst 10 – 12 und 14 – 18 Uhr
sehr sehenswertes Museum für korsische Völkerkunde, das mit seinem Sammlungen die Geschichte der Insel und Kultur ihrer Bewohner vorstellt.

Cervione / *Musée Ethnographique*
im ehem. Bischofspalast
Mo – Fr 10 – 12 und 14.30 – 18 Uhr
interessantes Völkerkundemuseum, das mit seinen thematisch geordneten Ausstellungen die Geschichte Cerviones und der Castagniccia erläutert.

Feste

Corte / *Festival de Musique Folklorique*
Mitte Juli
großes, 4-tägiges, internationales Folklorefestival auf der Zitadelle.

Casamaccioli / *Granitola*
7. – 10. Sept.
buntes, seit 1835 begangenes Fest mit großer Prozession zu Ehren der Schutzheiligen des Niolo. Das größte Volksfest Korsikas.

Unternehmung

Wo die »Paghjella« noch lebt

Fast waren sie ausgestorben, die einzigartigen, traditionellen korsischen polyphonen Gesänge, bei denen sich mehrere Stimmen vibrierend überlagern. Nun feiert die einmalig anrührenden »Polyphonies Corses« auf großen Festivals in Calvi, Pigna und Oletta regelmäßig Triumphe. Im Alltagsgebrauch sind die dreistimmigen A-Capella-Gesänge jedoch nur noch bei Messen in sehr wenigen Dörfern, insbesonders in der Castagniccia. Eine solche Messe mitzuerleben, gehört zu den wohl eindringlichsten und schönste Erlebnissen einer Korsikareise. Im Castagnicciadorf Rusio wird die Messe zu Neujahr, Ostern, am Tag des hl. Antonius, am 15. August, an Mariä Geburt, Allerheiligen und Weihnachten in »Paghjella« gesungen. Im Bergdorf Sermano bei Corte kann man am kirchlichen Feiertagen und am 15., 16. und 28. August eine »Paghjella«-messe erleben. Auf Korsikas größtem Volksfest (7. – 10. Sept.) in Casamaccioli bei Calacuccia wird der Gesang »Chjama e rispondi« aufgeführt.

Besonders eindrucksvoll und erlebenswert ist der Paghjella-Wettbewerb »Valle Voce«, der regelmäßig im August im Castagnicciadorf Valle d'Alesani ausgetragen wird.

ANHANG

Korsika von A–Z

ANHANG

Allgemeines

Korsika hat eine Gesamtfläche von
8.720 qkm und ist damit die drittgröß-
te Insel im westl. Mittelmeer. Ihre max.
Länge beträgt 183 km, ihre größte
Breite 83 km. Die Küstenlinie mißt insgesamt 1.047 km. Auf Korsika leben
rund 250.000 Menschen, ca. 100.000
davon im Großraum von Bastia und
Ajaccio. Nur noch rund 50 % der Bewohner sind Korsen. Etwa 800.000
Korsen leben in der Emigration.
Mit einer Einwohnerzahl von nur 7
Pers./qkm ist Korsika extrem dünn
besiedelt. (im Vergl. Sardinien 68
Pers./qkm). Die kürzeste Entfernung
zum Festland beträgt 82 km (Italien),
zum Mutterland Frankreich 160 km.
Geographisch wie politisch gliedert
sich Korsika durch eine von Küste zu
Küste schräg über die gesamte Insel
sich erstreckende alpine Gebirgs-
kette (höchster Berg »Monte Cinto«
mit 2.706 m) in die Départements
»Haute Corse« (Verwaltungsstadt
Bastia) und »Corse-du-Sud« (Insel-
hauptstadt Ajaccio). Die beiden
Départements bilden ein »Collective
Térritoriale«, das seit 1982 ein Regio-
nalparlament mit eingeschränkten
Befugnissen und Sitz in Ajaccio besitzt. Mächtigster Mann ist der von
Paris eingesetzte Inselpräfekt. Die le-
gal für Autonomie kämpfenden
korsischen Parteien erringen bei
Wahlen etwa 20 % der Stimmen. Be-
deutendster Wirtschaftsfaktor ist mit
jährlich etwa 1,5 Mill. Besuchern der
Tourismus, gefolgt von der Landwirt-
schaft. Wichtigstes Anbaugebiet ist
die Schwemmlandebene der
Tavignanomündung an der Ostküste.
Die Arbeitslosigkeit beträgt ca. 12 %.

Camping

Campingplätze
Auf Korsika gibt es rund 180 Campingplätze der verschiedenen Kate-
gorien. (1 – 4 Sterne). Die Anzahl der
Sterne bezieht sich auf die Ausstattung, nicht auf die landschaftliche
Lage. Plätze ohne Stern sind soge-
nannte »Aires Naturelles«, einfachste
Plätze ohne Infrastruktur. Ein vom korsischen Fremdenverkehrsamt heraus-
gegebenes, jährlich aktualisiertes
Gesamtverzeichnis mit detaillierten
Informationen zu allen Plätzen ist
beim Franz. Fremdenverkehrsamt
(siehe u. »Information«) und den lo-
kalen Tourist-Informationen kostenlos
erhältlich. Die Plätze konzentrieren
sich auf die Küste, wobei die strand-
reiche Ostküste besser versorgt ist als
die wilde Steilküste im Westen. Die
Campings im Landesinneren konzentrieren sich auf beliebte Wanderre-
gionen und sind häufiger einfach,
aber ausreichend ausgestattete Ge-
meindeplätze (Camping Muncipial).
Die Campingplätze sind überwiegend von April/Mai – Sept./Okt.
geöffnet, wobei die Herbstschließung
oft vom Wetter abhängig gemacht
wird, d. h. fließend ist. Die überwiegende Anzahl der Küstenplätze liegt

nicht unmittelbar am Strand, sondern landeinwärts. In der Hochsaison (Juli/Aug.) sind insbesondere direkt am Strand gelegene Plätze stark frequentiert oder ausgebucht. Die beste Campingzeit ist Mai/Juni und Sept./ Mitte Okt. Für Wohnmobilisten ist die Mitnahme eines möglichst langen (50 m) Elektrokabels (mit Adapter) zu empfehlen, da die meisten Plätze nicht über Anschlüsse direkt am Stellplatz verfügen.

Preise
Im Vergleich zu Deutschland und anderen europäischen Ländern ist Frankreich/Korsika ein ausgesprochen preiswertes Campingland. In der Hauptsaison ist für ein Wohnmobil / 2 Erw. im Schnitt etwa mit 80 – 100 Francs (ca. 25 – 30 DM) zu kalkulieren, in der Vor- und Nachsaison mit ca. 30 % weniger.

Buchung
Gebucht/reserviert kann direkt auf den einzelnen Plätzen (Tel.-, Fax-Nr. im Campingverzeichnis) oder zentral beim Campingverband »G.I.E. Corsica Camping«, bei dem die überwiegende Zahl der Campingplätze Mitglied ist.

- *G.I.E. Corsica Camping*
  20, Rue Saint-Charles
  20000 Ajaccio
  Tel. 04 95 21 14 47
  Fax 04 95 51 15 28

Freies Campen

Auf Korsika ist freies Campen verboten! (»Camping sauvage interdit«). Dies wird insbesondere in der Hauptsaison und den touristischen Ballungsgebieten an der Küste und im Inselinneren auch kontrolliert. Aktiv wird die Polizei meist aber nur auf Beschwerden von Einheimischen, d. h. erbosten Anliegern. Einmaliges Übernachten wird oft, aber nicht immer geduldet. Besonders wohnmobilfreundlich ist das Cap Corse, besonders ablehnend die Südregion um Bonifacio. Regelmäßig kontrolliert wird z. B. am Golf von St. Manza, aber auch in der Restonica-Schlucht. In der Vor- und Nachsaison wird das einmalige oder auch längere Übernachten meist toleriert.
Ein Hinweis: Wenn irgend möglich, fragen Sie den Anlieger/Bauern/Barbesitzer etc., bevor Sie frei eine Nacht verbringen! Wir haben nicht nur die besten Erfahrungen damit gemacht, sondern neben der Erlaubnis auf diese Weise auch viele sympathische Leute kennengelernt und ungestörte Nächte verbracht. Tragen Sie unbedingt durch anständiges und umweltbewußtes Verhalten dazu bei, daß dies auch in Zukunft so bleibt. Daß beim freien Stehen weder Müll noch Abwasser noch sonst eine »Spur« zurückgelassen werden darf, sollte keiner besonderen Erwähnung bedürfen.

Diplomatische Vertretungen

- *Deutschland*
  Deutsches Konsulat
  Zone Industrielle
  20600 Furiani (südl. v. Bastia)
  Tel. 04 95 33 03 56
  Fax 04 95 33 88 89

- *Schweiz*
  Konsulat der Schweiz
  Immeuble le Cactus
  Parc Berhault
  20000 Ajaccio
  Tel. 04 95 21 19 46

- *Österreich*
  Österreichisches Konsulat
  Hôtel Consulaire
  Quai L'Herminier
  20000 Ajaccio
  Tel. 04 95 51 55 55

Einreise

Zur Einreise nach Frankreich/Korsika ist für EG-Bürger und Schweizer nur der Personalausweis erforderlich. Kinder unter 16 J. brauchen einen Kinderausweis oder müssen im Ausweis der Eltern eingetragen sein. PKW-Reisende müssen den Führerschein und den KFZ-Schein mitführen. Die Grüne Versicherungskarte ist nicht Pflicht, jedoch empfehlenswert, da evtl. Schadensfälle dann wesentlich problemloser abgewickelt werden können.

Einkaufen

Gesetzlich geregelte Ladenschlußzeiten sind in Frankreich / auf Korsika unbekannt. Normalerweise sind die Lebensmittelläden von Montag bis Samstag von 9/10 Uhr bis 12 Uhr und von 15 bis 19 Uhr geöffnet. Supermärkte haben in der Saison meist durchgängig und bis 19.30 Uhr geöffnet (So. geschlossen). Brot und Backwaren sind tägl. (auch So.) meist ab 7 Uhr erhältlich. Souvenirshops, Bekleidungsgeschäfte, Läden für Freizeitbedarf sind in der Saison oft bis tief in die Nacht geöffnet. Die Lebensmittelpreise sind auch für einheimische Produkte wie Wurst, Käse, Obst, Gemüse, Wein meist deutlich höher als in Deutschland. Am günstigsten kauft man entweder direkt beim Erzeuger an den zahlreichen Straßenständen oder in den großen Supermärkten.

Fähren

Fährhäfen
Von Italien verkehren von Genua bzw. Savona, Livorno, La Spezia, Piombino und St. Teresa di Gallura (Sardinien) Autofähren nach Korsika, von Frankreich von Marseille, Nizza und Toulon. Für Anreisende aus Deutschland, der Schweiz und Österreich sind die italienischen Verbindungen zu empfehlen, da sowohl die Anfahrt als auch die Überfahrt wesentlich kürzer ist als von den französi-

schen Häfen. Die kürzeste und preiswerteste Überfahrt ist mit 3 Std. die Verbindung von Piombiono nach Bastia. Da jedoch die Anfahrt nach Piombiono wesentlich weiter und durch die Autobahngebühr auch teurer ist, sind die Fährverbindungen von Genua bzw. Savona (ca. 6 – 8 Std.), La Spezia (ca. 5 Std.) oder Livorno (ca. 4 Std.) nach Bastia zu empfehlen. Unser Tip: die kürzeste Anfahrt ist nach Genua bzw. Savona. Wer von Genua/Savona die Nachtfähre nimmt und eine Kabine bucht, gewinnt nicht nur einen Urlaubstag, sondern kommt morgens ausgeschlafen auf Korsika an.

Neben den normalen Autofähren bieten manche Gesellschaften wie z. B. Corsica Ferries 70 km/h schnelle Expressfähren an, die wesentlich schneller, (z.B. Savona – Bastia 3 Std.), aber auch dementsprechend teurer sind.

Buchung

Während es in der Vor- und Nachsaison in der Regel kein Problem ist, in den jeweiligen Hafenbüros kurzfristig eine Passage zu bekommen, sind die Fähren in der Hochsaison häufig ausgebucht. Deshalb für Juli/Aug. unbedingt möglichst frühzeitig buchen! Rechtzeitiges Buchen empfiehlt sich aber auch außerhalb der Hauptsaison, da man so in Ruhe Preise vergleichen, Sonderangebote nutzen und mit einem Ticket in der Tasche schon die Anreise beruhigt und entspannt angetreten werden kann. Dazu ist das Direktbuchen im Hafenbüro nicht billiger. Empfehlenswert ist die Buchung von Hin- und Rückfahrt, weil es zu bestimmten Tagen/Zeiten dann für die Rückfahrt Ermäßigungen bis 50 % (z.B. Corsica Ferries, nicht auf Expressfähren) gibt. Die Tarife berechnen sich nach Wagenlänge (inkl. Fahrradständer o.ä.), -höhe und -breite, weshalb diese Angaben bei der Buchung exakt angegeben werden müssen.

Fährlinien

CORSICA FERRIES verkehrt ganzjährig von Savona/Porto Vado nach Bastia und Ile-Rousse, von Livorno nach Bastia sowie von Nizza nach Bastia und Calvi (nur April – Nov.) Die gelbweißen Fähren der Linie sind sehr sauber und gepflegt, komfortabel ausgestattet und ausgesprochen pünktlich. Darüber hinaus bietet die Gesellschaft verschiedene Rabatte wie den »Jackpot-Tarif« und das »Open Ticket« ohne festen Fahrtag. Kinder unter 4 Jahren und Fahrräder sind frei. Wir haben mit Corsica Ferries stets nur die besten Erfahrungen gemacht, weshalb wir sie uneingeschränkt weiterempfehlen können.

- Büro Deutschland / Corsica Ferries
  Georgenstr. 38
  80799 München
  Tel. (089) 33 73 83, Fax 33 13 38

- Büro Schweiz / Tourship AG
  Wehntalerstr. 102
  8057 Zürich
  Tel. (01) 36 41 600, Fax 36 41 606

ANHANG

Hafenbüros (Auswahl)
- Savona/Porto Vado
  Catala Nord, Tel. (019) 21 60 04 1
- Livorno
  Nuova Stazione Marittima Calata
  Carrara
  Tel. (0586) 88 13 80
- Bastia
  Gare Maritime
  Tel. 04 95 32 95 94

MOBY LINES verkehrt zw. April und Sept. von Genua, Livorno und Piombino nach Bastia und von Bonifacio nach St. Teresa di Gallura (Sardinien), wobei die Hin- und Rückfahrt nach Sardinien im Preis inbegriffen ist. Die Gesellschaft bietet verschiedene Rabatte.

- *Generalvertretung*
  Seetours International
  Seilerstr. 23
  60313 Frankfurt/M.
  Tel. (069) 13 33 260, Fax 13 33 218

Hafenbüros (Auswahl)
- Genua
  Ponte Assereto
  Tel. (010) 25 27 55
- Livorno
  Via V. Veneto 24
  Tel. (0586) 82 68 223
- Bastia
  Rue Commandant Luce de
  Casablanca 4
  Tel. (495) 34 84 94

SNCM verkehrt von Genua, Livorno, Nizza, Marseille und Toulon nach Bastia, Ile-Rousse, Calvi, Ajaccio, Propriano und Porto Vecchio. Die französ. Staatslinie ist wesentlich teurer als die beiden anderen Linien, gewährt aber auf den Strecken Livorno – Porto Vecchio und Genua – Bastia für Wohnmobile 50 % Rabatt auf den Normaltarif, wobei Hin- und Rückfahrt auf derselben Strecke erfolgen müssen.

- Büro Deutschland / SNCM
  Berliner Str. 31
  65760 Eschborn
  Tel. (06196) 42 91 11, Fax 48 30 15

Fotografieren

Filme aller Art und Qualität sind zwar auf Korsika in allen Städten und Urlaubsorten erhältlich, aber bis zu drei mal so teuer wie in Deutschland. Deshalb am besten vor Antritt der Reise in ausreichender Menge einkaufen! Das empfiehlt sich auch für spezielle Fotobatterien und Akkus in Sondergrößen. Die beste Fotozeit ist früh am Morgen oder Abends. Tagsüber empfehlen sich UV- und Polfilter gegen den Dunst. Beim Fotografieren von Menschen ist Taktgefühl stets ein guter Begleiter. Besonders an vielbesuchten Orten wie z. B. dem Markt von Bastia ist wegen allzu aufdringlicher Motivjäger mit allergischen Reaktionen der Einheimischen zu rechnen. Tip: vorher freundlich fragen! So erhält man fast immer die

148

Erlaubnis zu fotografieren, die besseren Fotos und kommt mit interessanten Menschen ins Gespräch.

Gas

Die grauen 11-kg-Europaumtauschflaschen sind auf Korsika nicht erhältlich. Wer zwei volle 11-kg-Flaschen mitnimmt, sollte auch beim Dauerbetrieb vom Kühlschrank normalerweise damit problemlos durch den Urlaub kommen. Geht das Gas doch einmal aus, kann man auf fast allen Campingplätzen, an vielen Tankstellen und Läden 13-kg-Butangasflaschen leihen. Die Leihgebühr von ca. 80 DM erhält man bei Rückgabe wieder zurück. Leihschein sorgfältig aufbewahren! Die eigene Flasche kann man bei Primagas in Ajaccio (an N 193 am östl. Stadtrand bei Brücke über Gravona) füllen lassen.

Geld

Banken haben in der Regel von 8 – 12 und 14 – 16.30 Uhr geöffnet, große Postämter durchgehend von 9 – 17 Uhr und Sa bis 12 Uhr. Währung ist der französische Franc (FF). Der Kurs ist sehr stabil und liegt seit Jahren bei etwa 1 DM/3 FF. Bartausch ist vor Ort etwas günstiger als in Deutschland. Manche Banken bzw. Wechselstellen (»Change«), beson-

ders an »Brennpunkten« wie Häfen, Flughäfen u.a. verlangen jedoch eine relativ hohe pauschale Wechselgebühr (»commission«), andere tauschen gebührenfrei. Deshalb vor Tausch danach erkundigen! Eurocheques werden bis zu einer Höhe von 1.400 FF von allen Banken und in Postämtern mit Wechselservice akzeptiert. Sehr verbreitet sind Geldautomaten, an denen man mit EC- oder Kreditkarte Geld abheben kann. Kreditkarten werden in fast allen Restaurants, Campingplätzen, Hotels, Geschäften und Tankstellen akzeptiert, wobei Visa, EuroCard und MasterCard die größte Verbreitung haben. Mit dem Postsparbuch kann man gegen Vorlage des Personalausweises und der Ausweiskarte bis 1.000 DM/Tag und 2.000 DM/Monat abheben. Auch auf einer erheblichen Zahl von Campingplätzen wird gewechselt.
Achtung: auf Korsika sind relativ viele falsche 10-FF-Münzen im Umlauf, die man jedoch bei genauem Hinsehen an ihrer ziemlich miserablen Verarbeitung problemlos erkennt.

Gesundheit / Medizinische Hilfe

Das Netz der Praxen für Allgemeinmedizin (»Médecins généralists«) ist gut. Auch in kleineren Bergdörfern gibt es öfter einen Arzt, Fachmedizi-

ANHANG

ner aber nur in den Städten und Badeorten. Für Reisende aus EU-Ländern gilt das Sozialversicherungsabkommen. Bei Vorlage eines Auslandskrankenscheins (erhältlich bei Ihrer Krankenversicherung) werden die Kosten für ambulante und stationäre Behandlung zurückerstattet. Das Rückerstattungsverfahren ist jedoch ziemlich umständlich (vor Reiseantritt bei Ihrer Kasse erkundigen!). Deshalb ist der Abschluß einer speziellen Reisekrankenversicherung mit Rücktransport bei schwerer Erkrankung, die gegen Vorlage der Quittungen die Kosten zurückerstattet, empfehlenswert. Apotheken (»Pharmacie«) haben normalerweise Mo – Fr 9 – 12 und 15 – 19 Uhr geöffnet. Welche Apotheke am Wochenende geöffnet hat, ist an der Tür der Apotheken angeschlagen, welcher Arzt Notdienst (»Médecin a garde«) hat, erfährt man aus der Tageszeitung.

Haustiere

Für Haustiere ist eine Tollwutschutzimpfung erforderlich, die mindestens 1 Monat alt und max. 1 Jahr gültig sein darf. Die Mitnahme von Tieren unter 3 Monaten ist verboten. Bei Anreise über Italien ist ein amtsärztliches Gesundheitszeugnis erforderlich, das nicht älter als 30 Tage sein darf. Hunde müssen auf den Fähren im Auto verbleiben oder im Schiffszwinger verwahrt werden. Das Mitführen an Bord ist nicht erlaubt!

Information

Das Netz der Tourist-Informationsbüros ist gut. In allen Städten und größeren touristischen Orten existiert ein »Office de Tourisme« oder »Syndicat d'Initiative«, die Informationsmaterial zum Ort selbst und der näheren Umgebung bereithalten. Etwas problematisch sind die Öffnungszeiten der Büros, da diese bei den einzelnen Büros unterschiedlich sind und die einzelnen Tourist-Informationen oft je nach Nachfrage flexibel öffnen bzw. schließen. Faustregel: in wichtigen Orten wie Bastia ist das Info-Büro in der Saison tägl. geöffnet, in kleineren So geschlossen. Die Adressen der wichtigen Informationsbüros finden Sie im Info-Anhang der einzelnen Kapitel.

Büros des Französischen Fremdenverkehrsamts
(Maison de la France)

• *Deutschland*
Westendstr. 74
60325 Frankfurt/Main
Tel. (0190) 57 00 25, Fax 59 90 61
und
Keithstr. 2 – 4
10787 Berlin
Tel. (030) 21 82 06 4, Fax 21 41 23 8

• *Schweiz*
Löwenstr. 59
8023 Zürich
Tel. (01) 21 13 08 5, Fax 21 21 64 4

• *Österreich*
Argentinier Str. 41
1040 Wien
Tel. (1) 50 32 89 0, Fax 50 32 87 1

• *Auf Korsika*
ATC (Agence du Tourisme
de la Corse)
Boulevard du Roi-Jérôme 17
20000 Ajaccio
Tel. 04 95 51 77 77, Fax 04 95 51 14 40

Karten

Als Autoreisender in allen Belangen sehr gut fährt man mit der Michelin-Karte, Blatt Nr. 90, »Korsika« im Maßstab 1 : 200.000. Die sehr detaillierte Karte vermerkt nicht nur die insbesonders für Wohnmobilisten wichtige Angaben zu Straßenverhältnissen inklusive Steigungen, sondern auch touristische Informationen über Sehenswürdigkeiten, landschaftlich besonders reizvolle Strecken u.a. im Maßstab 1 : 100.000 und deshalb auch für kleinere Wanderungen geeignet sind die topographischen Karten des Institut Géorgaphie National (IGN) »Corse Nord« (Blatt Nr. 73) und »Corse Sud« (Blatt Nr. 74). Für längere und anspruchsvolle Gebirgswanderungen sind entweder die

Wanderkarten »Itinéaires Pédestres« im Maßstab 1 : 50.000 oder die »Série Top 25« im Maßstab 1 : 25.000 sehr empfehlenswert. Alle genannten Karten sind überall auf Korsika in Buchhandlungen erhältlich.

Kleidung

Korsika ist eine Gebirgsinsel, deren höchste Gipfel fast 3.000 m aufragen. Während an der Küste im Sommer leichte, schweißaufsaugende Sommerkleidung völlig ausreichend ist, sollte man bei Ausflügen ins Gebirge stets auch wärmende und regen- und windabweisende Kleidung mit sich führen, da sich die Wetterlage hier abrupt und massiv ändern kann (Gewitter, Hagelschauer, Nebel, starker Wind). Unbedingt zu beachten ist die sehr intensive Sonneneinstrahlung in den Bergen. Deshalb Kopfbedeckung und Sonnenbrille nicht vergessen! Wer in der Vor- oder Nachsaison reist, sollte in Sachen Kleidung auch auf kühle und nasse Witterungsverhältnisse vorbereitet sein. Auch für kleinere Wanderungen sollte man sich angesichts der struppig dornigen Macchia tunlichst immer mit einer festen, langen Hose und robustem, geschlossenem Schuhwerk ausrüsten. Obwohl die Franzosen und auch die Korsen nicht mehr so sittenstreng wie die benachbarten Sarden sind, sollte man und besonders frau bei Besuchen von abgelegenen

Bergdörfern und insbesonders religiösen Stätten der Örtlichkeit entsprechend nicht zu offenherzig gekleidet sein.

Klima

Korsika ist sowohl eine Mittelmeer- als auch eine Gebirgsinsel und insofern klimatisch nicht einheitlich. Während die Küsten das bekannte mediterrane Klima mit trockenen, heißen Sommern und feuchten, milden Wintern aufweisen, herrschen in den Hochlagen alpine Klimabedingungen. Zwischen November und April ist mit starken und dauerhaftem Regen zu rechnen, der schwere Hochwasser verursachen kann und in den Hochlagen als Schnee fällt, der bis in den Juni hinein liegen bleibt und im Winter zu Sperrungen der Pässe führt. Die Badesaison dauert von Mai bis Mitte Oktober. Sehr unangenehm ist der auch im Sommer auftretende, trockene, aber heftige und extrem böige Wind »Maestrale«, der nicht nur alles, was nicht niet- und nagelfest ist, wegweht, sondern besonders an der Westküste zwischen Galéria und dem Cap Corse lebensgefährlich hohe Wellen auftürmt, die leider Jahr für Jahr leichtsinnige Badende in den Tod reißen. Deshalb hier Badeverbote unbedingt beachten!

Nacktbaden

Waren die Korsen vor nicht all zu langer Zeit noch ein sittenstrenges Völkchen, so hat sich die Situation in den letzten 15 Jahren fundamental gewandelt und an den zahllosen Badeständen herrscht das Motto »Jeder wie er will«. »Oben ohne« ist zwischenzeitlich weiter verbreitet als »oben mit«. Auch wer mehr als Busen bräunen will, ist in Korsika am richtigen Platz. Insbesondere an der Ostküste gibt es zahlreiche FKK-Campingplätze und Nacktbadestrände. Aber auch an den »normalen« Ständen wird sich, obwohl offiziell noch verboten, niemand an Nacktbadern stören. Nudisten machen es hier am besten wie die anderen und frönen ihrer textilfreien Badelust nicht unbedingt mitten im Hauptgetümmel vor der Strandbar, sondern an den etwas ruhigeren Rädern und Enden. Trotz der angenehm unkomplizierten Strandsitten ist es jedoch wie immer im Leben und auf Reisen auch in dieser Frage angebracht, Taktgefühl walten zu lassen und sich beispielsweise nicht gerade neben einer korsischen Großfamilie nackt auszubreiten.

Notruf-Nummern

- Polizei (Police) 17
- Krankenwagen/Notarzt (Samu) 15
- Feuerwehr (Pompiers) 18
- Seenotrettung (Cross Med)
  04 95 75 25 25
- Bergwacht (Secours en Montagne)
  04 95 23 30 31
- ADAC-Euro-Notrufzentrale
  München 19 49 89 - 22 22 22
- ADAC-Ambulanzdienst München
  19 49 89 - 76 76 76
- ADAC-Notruf Frankreich/Lyon
  72 17 12 22 (Mo – Sa 9 – 17 und
  So 9 – 13 Uhr)

Post

Postämter gibt es in jedem größeren
Ort. Die Postämter bieten den glei-
chen Service wie in Deutschland.
Die Öffnungszeiten sind jedoch unterschiedlich. In großen Orten/Städ-
ten sind sie Mo – Sa von 9 – 19 Uhr
geöffnet, in kleinen schließen sie zwischen 16 und 18 Uhr, Sa 12 Uhr.
Das Karten-/Briefporto beträgt (bis
20 Gr.) 3 FF. Briefmarken (timbres) und
Telefonkarten (télécartes) erhält
man auch in Tabakläden (tabacs).
In Postämtern ist das Telefonieren
auch ohne Karte möglich.

Panne / Unfall

Benötigt man ein nicht vorrätiges
Ersatzteil, ist durch die Insellage mit
einigen Tagen Wartezeit zu rechnen.
In den größeren Städten, besonders
in Ajaccio und Bastia gibt es Ver-
tragswerkstätten der bekannten Her-
steller. Ist das Wohnmobil nicht mehr
fahrbereit, hilft unter Tel. 08 00 08 92 22
die Pannenhilfe der »AIT-Assistance«
oder die Polizei weiter. Die 24-Std.-
ADAC-Euro-Notrufzentrale in München ist unter Tel. 19 49 89 - 22 22 22
zu erreichen. Im Falle eines Unfalles
mit Sach-, Personenschaden so
schnell als möglich Polizei (Tel. 17)
und Notarzt (Tel. 15) verständigen.

Reisezeit

Sowohl klimatisch als auch finanziell
sind die Monate Mai, Juni und September bis Mitte Oktober die beste
Zeit. Dann ist es nicht mehr oder
noch nicht so drückend heiß, die
Preise sind niedriger und das hoch-
sommerliche Getümmel vorüber.
Zwar öffnen/schließen manche Restaurants, Camping u.a. erst/bereits
ab Juni / Mitte Sept., aber dafür reist
es sich weit unbeschwerter als in den
Ferienmonaten Juli/August. Dazu
sind in der Vor-, Nachsaison die Einwohner aufgeschlossener, die Preise
niedriger und die Campingplätze
angenehm leer. Für Wohnmobilisten

besonders angenehm ist es, daß man dann an vielen Orten auch eine Nacht an Stellen verbringen kann, an denen es im Hochsommer strikt verboten ist.

Sicherheit

Immer wieder hört und liest man in den Medien von Gewalt, Bombenanschlägen und Attentaten auf Korsika. Doch als Tourist werden Sie davon außer vielleicht dem Anblick eines gesprengten Hauses nichts mitbekommen, weil die korsischen Seperatisten strikt darauf achten, mit ihren Aktionen keine Touristen zu behelligen und deshalb ihre Anschläge stets nur außerhalb der Urlaubssaison verüben. Selten kommt es jedoch auch zu gewalttätigen Übergriffen auf Besucher und Wohnmobilisten. Dies geschieht meist dann, wenn sich Besucher den Einheimischen gegenüber ignorant benehmen, was leider immer wieder zu beobachten ist. Wer sich z.B. mit dem Wohnmobil ungefragt und wild auf einem Privatgrundstück häuslich niederläßt und auch noch arrogant glaubt, er habe das Recht dazu, muß sich nicht wundern, wenn der Eigentümer handgreiflich wird. Deshalb sollte man, besonders im Hochsommer und Südkorsika, nie ohne Erlaubnis frei Stehen. Das teils kursierende Gerücht, Korsika sei gefährlich, ist jedoch völliger Unfug. Wer sich zivilisiert be-

nimmt, wird auf Korsika so viel oder wenig Ärger und Probleme haben wie anderswo. Wer die Grundregel »Verletze nie den Stolz eines Korsen« beachtet, wird von körperlicher Gewalt unbehelligt bleiben. In großen Städten und an touristischen Brennpunkten wie »Les Calanche« bei Porto sind in der Hauptsaison Autoknacker vom Festland aktiv. Hier sollte man sein Auto auf einem bewachten Parkplatz abstellen bzw. nicht unbeaufsichtigt lassen. Wer dennoch Opfer eines Diebstahls wird, muß für den Versicherungsnachweis zur Aufnahme der Schäden am Wagen und der entwendeten Gegenstände zur nächstgelegenen Polizeiwache. Ansonsten genügen auf Korsika die allgemein und überall gültigen Grundregeln, Wertgegenstände, Paß u.ä. nie im Auto zurücklassen bzw. stets an einem sicheren Ort bei sich führen.

Straßen

Nicht umsonst wird die kleine Insel von vielen Reifenherstellern als Testgelände genutzt, denn Korsikas Straßen sind wahrlich ein Kapitel für sich. Die meist schmalen und immer schwindelerregend kurvenreichen Bergstrecken verlangen von dem Fahrer die absolute Beherrschung seines Fahrzeuges ab. Und da Korsika ein Gebirge ist, sind die meisten aller Straßen auf der Insel Bergstrecken.

Im gesamten Inselinneren und an einem Großteil des Cap Corse und der Westküste muß man auch auf den Hauptstraßen nicht nur mit unglaublich vielen, oft unübersichtlichen Kurven rechnen, sondern trotz Mittelstrich auch mit sehr schmalen Fahrbahnen. Schon PKW-Gegenverkehr ist hier nicht selten eine Herausforderung. An einigen Streckenabschnitten sind die direkt in die schwindelerregend senkrecht abfallenden Felskliffe gesprengten, ungesicherten, extrem schmalen und unübersichtlichen Straßen gefährlich bis lebensgefährlich. Hier wird auch dem erfahrenen Fahrer höchste Konzentration und Umsicht abverlangt. Nicht wenige Strecken und Nebenstraßen sind derart schmal, daß sie für das breite Wohnmobil ungeeignet sind. Deshalb ist jedem Wohnmobilreisenden dringend anzuraten, vor dem Aufbruch erst auf der empfehlenswerten Michelin-Straßenkarte (s. »Karten«) sehr genau die kommenden Straßenverhältnisse zu studieren. Sonst ist ihnen früher oder später ein Höllentrip, den Sie so schnell nicht wieder vergessen werden, sicher. Überall dort, wo auf den im Buch beschriebenen Routen die Straßenverhältnisse besonders schwierig und gefährlich oder für das Wohnmobil ungeeignet sind, haben wir im Text darauf hingewiesen. Für unerfahrene und ungeübte Wohnmobilisten ist Korsika nicht geeignet. Wer sich seiner Fahrkünste nicht sicher ist, sollte sich erst einmal auf die Ostküste beschränken, weil hier die Straßenverhältnisse meist gut, weil überwiegend breit und ohne viel Kurven sind.

Strom

Die (häufig leicht schwankende) Netzspannung beträgt 220 Volt. Da sich die Steckdosen meist vom deutschen Schukostecker unterscheiden, sollte man stets einen Adapter an Bord haben. Für Campingplätze empfiehlt sich ein möglichst langes Kabel, am besten eine 50m-Trommel.

Tanken

Grundsätzlich ist das Tanken kein Problem. Während es an den Küsten zahlreiche Tankstellen gibt, sind sie im sehr dünn besiedelten Inselinneren jedoch rar. Deshalb am besten vor dem Abstecher in die Berge tanken. An großen Tankstellen sind sämtliche gebräuchliche Benzinsorten erhältlich, an kleinen meist nur Normal (plomb), Super (sans plomb) und Diesel (gazole). Die Preise sind von Tankstelle zu Tankstelle sehr unterschiedlich und höher als in Deutschland. Am günstigsten tankt man bei Supermärkten. Diesel kostet durchschnittlich 4,5 bis 5 FF bzw. 1,40 bis 1,50 DM pro Liter.

ANHANG

Telefon

Telefonzellen (cabines) gibt es in praktisch jedem Ort auf Korsika. Münzfernsprecher sind jedoch äußerst selten. Telefoniert wird mit Telefonkarte (télécarte), die in Postämtern, Tabakläden, manchen Bars und Supermärkten für 50 oder 120 Einheiten für 40 bzw. 96 FF erhältlich sind. In Postämtern ist das Telefonieren auch ohne Karte möglich (Bezahlung am Schalter).

Für Gespräche von Korsika ins Ausland wird, wie überall im internationalen Telefonverkehr, nach der Ländervorwahl die erste Null der Ortsvorwahl weggelassen. Erst 00 wählen, Brummton abwarten, dann Landeskennzahl, dann Ortsvorwahl ohne erste Null, dann Teilnehmernummer. Für Telefonate innerhalb Korsikas gilt inselweit die Kennzahl 04 95, weshalb sämtliche Nummern in diesem Buch damit beginnen. Bei Gespächen vom Ausland nach Korsika wird die Null weggelassen, also 495 vorgewählt.

Ländervorwahl von
Frankreich/Korsika
• nach Deutschland (00) 49
• nach Österreich (00) 43
• in die Schweiz (00) 41

Ländervorwahl nach
Frankreich (Korsika)
• von Deutschland/Österreich/
  Schweiz 00 33 (4 95)

Trinkgeld

Obwohl auf sämtlichen gastronomischen Rechnungen der Vermerk »Service compris«, Bedienung eingeschlossen, aufgedruckt ist, ist Trinkgeld in Frankreich / auf Korsika üblich. Die Höhe liegt natürlich im eigenen Ermessen, üblich sind jedoch etwa 10 % der Rechnungssumme. Das Trinkgeld wird auf dem kleinen Teller, auf dem man die Rechnung erhält, hinterlassen. Auch beim schnellen Bier oder Kaffee am Tresen ist es üblich, mindestens 1 FF zu geben.

Verkehr

Naturgemäß kommt man auf den schmalen, sehr kurvenreichen Straßen auf Korsika mit dem dicken Wohnmobil langsamer voran als mit dem PKW. Deshalb sollte man als Wohnmobilist stets auch ein Auge auf den Rückspiegel haben und an geeigneten Stellen die PKW-Schlange passieren lassen. Dies werden Ihnen nicht nur die Fahrer freundlich danken, sondern Sie provozieren damit auch keine halsbrecherischen Überholmanöver, bei denen Sie selbst in Mitleidenschaft gezogen werden könnten. Die kleinen »Parkbuchten« entlang der zahlreichen, engen Bergstrecken sind keine Parkplätze, sondern unabdingbar benötigte Ausweichstellen bei Gegenverkehr. Deshalb niemals und unter keinen Umständen zuparken!! Besonders schwierige Straßenabschnitte möglichst früh morgens passieren. Tip: ab 12 Uhr Mittags ist inselweit »Siesta« und der Verkehr erstirbt für rund 2 Std. fast gänzlich. Für Langschläfer das ideale Zeitfenster, schwierige Strecken anzugehen. Mit dem Wohnmobil innerhalb von Ortschaften die Hauptstraßen zu verlassen ist ein Fehler, den man nur einmal macht. Denn die Seitenstraßen in Dörfern und Städten sind meist in Fahrbahn und Kurven derart eng und/oder auf beiden Seiten derart wild zugeparkt, daß mit dem breiten Wohnmobil irgendwann kein Durchkommen mehr möglich ist (von Wenden ganz zu schweigen). Und selbst wenn die Straßenbreite noch ausreichen sollte: bei jeglichem Gegenverkehr ist der Kollaps garantiert.

Verkehrsregeln

In Frankreich / auf Korsika gelten im wesentlichen die üblichen Verkehrsregeln. Die Höchstgeschwindigkeit (bei den korsischen Straßen zumeist ein rein theoretischer Wert) beträgt auf Autobahnen bzw. vierspurigen Nationalstraßen 110 km/h, auf Landstraßen 90 km/h, innerhalb geschlossener Ortschaften 60 km/h. Es besteht Gurtpflicht. Die Promillegrenze liegt bei 0,5 ‰. Gelbe Streifen am Straßenrand bedeuten Parkverbot. Sehr häufig anzutreffen sind auf Korsika mittels Kreisverkehr geregelte Kreuzungen. Soweit nicht anders geregelt, gilt hier die Regel »Rechts vor Links«. Die Geldbußen bei Verkehrsverstößen, insbesonders bei Geschwindigkeitsüberschreitung und Alkohol am Steuer, sind in Fankreich sehr hoch!

Wichtige Verkehrsschilder
- Accès à la mer (plage) = Zugang zum Meer (Strand)
- Déviation = Umleitung
- Impassage = Sakgasse
- Passage interdit = Durchfahrt verboten
- Ralentir! = langsam fahren!
- Route barrée = Straße gesperrt
- Sens unique = Einbahnstraße
- Toutes Directiones = alle Richtungen
- Travaux = Straßenarbeiten
- Virage = Kurve

Ver- / Entsorgen

Schmutzwasser/Toilette

Das Entsorgen von Brauchwasser und Toilette ist mit das wichtigste Thema für Wohnmobilreisende und deren Akzeptanz vor Ort. Denn oft ist die ablehende Haltung von Anliegern nicht vorrangig im Freistehen begründet, sondern in dem Schmutz und Unrat, den der verantwortungslose Wohnmobilisten zurücklassen.

Deshalb ist es die wichtigste Regel, niemals weder Schmutzwasser, noch Toilette, noch sonstigen Abfall in der Natur zu entsorgen!

Mit über 180 Campingplätzen besitzt

ANHANG

Korsika ein sehr dichtes Netz von Campingplätzen, auf denen man ver- und entsorgen kann. Ein Problem sind aber Chemietoiletten, denn spezielle Entsorgungsstationen für Wohnmobile (Aires des Services) sind leider noch die Ausnahme. Da der Toiletteninhalt also überwiegend in die Toiletten des Platzes entleert werden muß, dies aber mit Chemikalien aus biologischen Gründen nicht geschehen darf, sollte wenn irgend möglich auf den Gebrauch von Chemie grundsätzlich verzichtet werden. Die heute verfügbare Caravan-Toilettentechnik wie die NOKEM-Entlüftung macht dies problemlos möglich. Das normale Schmutzwasser aus Küche und Bad kann notfalls auch in Straßengullis abgelassen werden. Die Toilette kann nach vorheriger Erlaubnis des Besitzers oder Hafenmeisters auch an Tankstellen oder in Sportboothäfen entsorgt werden. Chemietoiletten dürfen nur in speziell dafür vorgesehene Behälter entleert werden!

Trinkwasser
Sauberes Trinkwasser ist auf der Gebirgsinsel mit ihren zahlreichen, auch im Sommer sprudelnden Quellen kein Problem. Dennoch sollte mit dem kostbaren Gut Wasser sparsam umgegangen werden. Neben den Campingplätzen stehen zum Frischwassertanken inselweit auch Tankstellen und zahlreiche gefasste

Brunnen zur Verfügung. Dort, wo man Einheimische mit Kanistern Wasser fassen sieht, kann bedenkenlos gezapft werden. Ansonsten sicherheitshalber bei Einheimischen erkundigen, ob das Wasser Trinkwasserqualität (L'eau potable) hat oder gründlich abkochen bzw. entkeimen. Brunnen und andere Wasserstellen, die keine Trinkwasserqualität haben, sind mit »L'eau non potable« gekennzeichnet.

Zeitungen

Die beiden größten korsischen Tageszeitungen sind »Corse Matin« und »La Corse«, die jeden Tag erscheinen und inselweit erhältlich sind. Wer etwas die Sprache beherrscht, kann bei der Lektüre viel Interessantes und Hintergründiges zu Land und Leuten erfahren. Auch wer kein Französisch kann, kann Informationen zu kulturellen Veranstaltungen, Wetter, diensthabenden Ärzten und Apotheken, Öffnungszeiten u.a. erfahren. Deutschsprachige Zeitungen und Zeitschriften sind an Kiosken und in Buchhandlungen in den Städten und Badeorten mit einem Tag Verspätung erhältlich.

Zoll

Als Mitglied der EU dürfen in Frankreich Bürger aus EU-Staaten Waren für den privaten Gebrauch uneingeschränkt ein- und ausgeführt werden. Kontrollen finden nur noch sehr vereinzelt und bei begründetem Verdacht des gewerblichen Gebrauchs statt. Als private Höchstmengen werden 800 Zigaretten (400 Zigarillos), 10 L Spirituosen, 90 L Wein, 110 L Bier angesehen. Bei Überschreitung ist der private Zweck glaubhaft zu machen.

Korsische Spezialitäten: an der Küste Fisch- und Meeresfrüchte, im Landesinneren eher Wurst, Schinken oder Käse – aber immer exquisit gewürzt. Kräuter wie Majoran, Thymian, Basilikum und Fenchel verleihen den typischen Geschmack. Und natürlich Wein direkt vom Erzeuger.